*Det här kommer inte handla om att bunkra vapen,
bygga egna strålningssäkra skyddsrum eller att
camouflera sig för att kunna gå ut.*

Tack till
Johan Pedersen-Sandbakken

Stefan Sjödin   *Michael Sjödin*

Som innovatörer och entreprenörer inom bl a IT och marknad har bröderna Sjödin drivit flera projekt, ofta "för tidigt" där t ex storskalig nätshopping för privatpersoner sågs som en utopi och mer än en uppfinning har fått gå åter i byrålådan för att senare dyka upp från annat håll.

När de nu samarbetar för att väcka förståelse för den egna beredskapen hos vanligt folk kan de dock inte vara ute för tidigt. Ju fler som anammar det här, och ju fortare, desto bättre!

Erfarenheter från bl a säkerhetsbranschen, friluftsliv, överlevnadsutbildning och frivilligrörelsen ligger till grund för den här lättsmälta introduktionen.

Samhällsengagemanget är starkt. Ett annat pågående projekt är Semper Miles: *www.sempermiles.se*

Första upplagan
Copyright © 2016 Michael Sjödin och Stefan Sjödin
Eftertryck eller återgivning av bokens innehåll, helt eller
delvis, utan tillstånd från upphovsrättsinnehavare är
förbjuden. Förlag och tryck: BoD
ISBN 9789176990445

Åh nej!
Vad har hänt?
Varför gör ingen något?!

Den här boken vänder sig till dig som vill skapa möjligheten och tryggheten att själv klara en tid när allt inte är som det ska – en dag, en vecka eller mer.

Vi tittar närmare på förberedande i stort och i detalj, på vad du kan behöva ta lite höjd för, varför och på enkla lösningar. Utifrån din verklighet, på dina breddgrader.

Byt för alltid ut "Varför gör ingen något?" mot "Okej, nu gör vi så här!"

Innehåll

1. Förbereda?

Den som förbereder för att klara sig själv och sina närmaste en tid. Är det en omtänksam och klyftig eller bara underlig person?

Ingen vill väl egentligen tänka på att saker och ting kan bli sämre, att vi kanske hänger på en skör tråd som får oss att känna trygghet? Allt är ju som det är och kommer så att förbli!

Du har mat hemma, värmen och AC:n fungerar, din bil startar, lokaltrafiken rullar på, mobiltelefonen är den senaste, jobb och familjen är okej, du har koll på tandläkartiden, amorterar, har rätt antal kanaler i TV:n, tränar, har lönen på banken och kanske t o m sparar till den där onödigt dyra men åtråvärda grejen samt har en eller flera nära vänner – i vått och torrt.

Livet är som det ska. Ja, det kunde såklart vara ännu lite bättre men tids nog så kommer kanske steget upp. Kämpa på, var social och glöm inte trisslotten!

För varje år som går lämnar vi därför medvetet och omedvetet över allt mer av kontrollen till andra, d v s myndigheter och företag som vi inte har en susning om hur de jobbar eller har för möjligheter, till tekniska lösningar vi inte förstår hur de fungerar o s v. Vardagen går allt fortare och vi fokuserar mer på vår absoluta närhet med kortare och kortare framförhållning. Det enda långsiktiga är kanske hur kommande semester ska se ut och att vi har en pensionsplan (som är lite krånglig men sköter sig själv).

Låt oss stanna upp och ändå skänka motsatsen en tanke. Det kommer onekligen att kännas lite läskigt för en del.

Hur skulle det vara om du en dag inte längre har det du normalt förväntar dig och betalar för. Inget vatten och ingen elektricitet med allt vad det innebär, inget bränsle på bensinmacken och mataffären är stängd. Jobbigt rent generellt och då har vi inte vägt in förutsättningarna.

Är det vinter? Naturkatastrof av något slag? Hur omfattande i samhället, eller t o m i landet, är problemet? Är förbindelserna brutna? Äger du en radio som inte kräver internetuppkoppling? Är du inte hemma – hur tar du dig då hem?!

Det blev kanske mycket på en gång men okej, här kommer en fråga som säger en del om hur förberedda vi (inte) är: Har du kontanter på fickan, låt säga 300-400 kronor, när du är hemifrån och förväntar dig att åka hem med bilen, kommunala färdmedel eller taxi?

Har du det? Grattis, då klarar du den lilla situationen om det skulle krisa! Har du inte det? Då tillhör du kanske skaran som blint förlitar sig på att plastkort, kommunikationer, affärer och tjänster alltid kommer att fungera. (Läs mer om hemfärd i kapitlet Ta dig hem).

Ofta nås vi av nyheter om problem som beror på överraskande yttre omständigheter. Problem som påverkar många och det rejält.
Det vanliga är att det sker i något land, i något område långt härifrån och vi förfasas över offren för t ex översvämningar, stormar och oväder av svårförståeliga mått eller mer samhälleliga problem som terrorism,

politisk orolighet, upplopp eller "bara" att livsmedel inte kan levereras fram p g a en strejk eller bränslebrist.
Även i vårt land och direkta närområde får vi vår beskärda del av skyfall, elavbrott, översvämningar, snökaos, oframkomliga vägar, stormar m m som emellanåt sätter samhället och oss själva på prov.

På senare tid har det också blivit populärt att visa dokumentärer om katastrofer, möjliga katastrofer, om hur folk överlevt svåra umbäranden och t o m program om förberedelser och överlevnad.

Det är då, där framför TV:n eller datorn vi tar det till oss, förfasas och känner engagemang.
Det är då en del av oss tänker att det där vill jag aldrig vara med om och om jag ändå, mot all förmodan, skulle det så skulle det såklart inte vara som ett överraskat offer utan som en väl förberedd överlevnadsexpert.
Hos de flesta är det tyvärr en tom reflektion som går över med reklampausen och kanalbytet eller när programmet är slut. Vi skänker i vissa fall lite pengar till katastrofens offer, viftar bort olustkänslorna och ser sedan kvällens film och tar något gott till. Livet går vidare.

Om det sedan händer något står vi där och förbannar att ingen gör något. Vi kanske undrar hur någon häftig TV-överlevare skulle ha förhållit sig till situationen.

Det är precis det här som du kan ändra på – här och nu! Börja med att glömma påhittade filmhjältar, hur man gör ett regnskydd i Amazonas djungler eller tar sig ner för en brant klippa i Alperna, som du sett på TV eller kanske t o m läst i en översatt, cool överlevnadsbok från utlandet.

Låt oss istället fokusera på vårt vardagliga liv, vårt hem, och vår familj i vår miljö och återknyta till kunskaper som mer eller mindre alltid funnits men som vi tappat bort.

Låt oss börja tänka logiskt och börja förbereda oss en smula. Och kom ihåg att även lite förberedelse är bättre än ingen!

2. Samhällets beredskap

Kort om kris
Varning och information
Grundprinciper
Ansvar och organisation

Samhället vakar över oss och kommer att arbeta för att ställa allt till rätta så snabbt och smidigt som möjligt. Det finns många dugliga människor i olika myndigheter och organisationer som har i uppdrag att ansvara för att saker och ting fungerar.

Det betyder dock inte att vi kan lägga fötterna på bordet och tro att vi privatpersoner står utan ansvar. Du förväntas förstå att det KAN hända saker som påverkar och förändrar din vardag. Vidare förväntas du vara medveten om att samhällets resurser i första hand kan komma att behöva användas till grupper som inte klarar sig själva, t ex sjuka, äldre och barn (mellan raderna kan du alltså komma att behöva ta hand om dig själv för en kortare tid). Du ska inhämta information om vad som hänt, vad som händer och följa de instruktioner som ges från myndigheterna.

14

Foto: Holger Ellgaard

Kort om kris

Vad är egentligen kris? När man talar om krisberedskap menar man i första hand händelser som drabbar stora delar av samhället t ex elförsörjning, vår hälsa, vår frihet, extremt väder (t ex storm, snö, vatten) och störningar i viktiga samhällsfunktioner.

Om krisberedskap på regeringen.se

"Samhällsskydd och beredskap handlar om att hela samhället ska kunna klara av såväl små som stora olyckor och kriser. Krisberedskapen syftar till att skydda befolkningens liv och hälsa, samhällets funktionalitet, samt förmågan att upprätthålla grundläggande värden som

demokrati, rättssäkerhet och mänskliga rättigheter."

"Inom Regeringskansliet finns sedan 2008 ett särskilt kansli för krishantering."

Varning och information

Viktigt meddelande till allmänheten, förkortat VMA, är myndigheternas varnings- och informationssystem för att snabbt nå ut till oss.

Den kanske mest kända kopplingen till VMA är de tusentals signalhorn som finns utplacerade på bl a hustak och ibland kallas "Hesa Fredrik" i folkmun. De tjuter när det finns ett viktigt meddelande: signal i sju sekunder och paus i 14 sekunder, vilket upprepas under minst två minuter. Det betyder att du genast ska gå in, stänga fönster och ventiler/ventilation och lyssna på (lokal-) radio eller se på TV för information. Information och hänvisning visas även på sidan 100 i SVT:s Text-TV.

Signalhornen på våra tak och högt belägna punkter kan även användas som beredskapslarm eller flyglarm om vi skulle råka ut för krig.

(Kl 15:00 den första helgfria måndagen i mars, juni, september och december testas systemet med signalhornen.)

VMA via telenätet började införas under senare halvan av 2014 och början av 2015. Med det kan myndigheterna snabbt skicka ut information även i form av ett talmeddelande till fasta telefoner och via SMS till mobiltelefoner. (Den här metoden planerar man att utveckla och förfina ytterligare.)

Själva meddelandet i Viktigt meddelande till allmänheten innehåller information om vad som hänt, ev akut hot att förhålla sig till, anvisningar om vad vi kan göra för att skydda oss samt vad vi kan göra för att underlätta räddningsarbete o dyl. Lyssna noga och följ instruktionerna.

Grundprinciper

Enligt krishanteringssystemet finns tre grundprinciper som reglerar ansvar (Ansvarsprincipen), funktion (Likhetsprincipen) och hantering (Närhetsprincipen).

Ansvarsprincipen innebär att den som bedriver/har ansvar för en verksamhet under normala förhållanden, t ex stat, kommun och landsting, har motsvarande ansvar även under krissituationer.

Likhetsprincipen innebär att verksamheten, så långt det är möjligt, ska fungera som vid normala förhållanden.

Närhetsprincipen innebär att en krissituation ska hanteras av de ansvariga där den inträffat. Det är kommunen och landstinget som i första hand ansvarar för insatsen. Räcker inte resurserna kan regionala och statliga insatser bli aktuellt.

Ansvar och organisation

Det finns planer och rutiner i stort och smått för vem som
har ansvar, hur allt normalt ska gå till, hanteras,
uppdateras, servas, kontrolleras, utvecklas o s v.
På samma sätt finns planer och rutiner för hur de ska agera
i krissituationer, vilken organisation som har ansvar för
vad, vem som gör vad, när, tillsammans med vilka m m.
Och inte nog med det, de utvecklar och övar och
underhåller kunskapen för att kunna möta de krav som
kan komma att ställas på dem.

"Krisberedskapsförordningen" (SFS 2006:942) innehåller
föreskrifter som reglerar Sveriges krisberedskap samt
"ansluter till vad som föreskrivs i lagen (1992:1403) om

totalförsvar och höjd beredskap". I den finns även en förteckning över samverkansområden och myndigheter som har särskilda uppgifter och särskilt ansvar inom dessa områden. Listan nedan ger en snabb överblick av det som är kärnan i vad som backar upp oss.

Teknisk infrastruktur

Affärsverket svenska kraftnät, Elsäkerhetsverket, Livsmedelsverket, Myndigheten för samhällsskydd och beredskap, Post- och telestyrelsen, Statens energimyndighet

Transporter

Luftfartsverket, Sjöfartsverket, Statens energimyndighet, Trafikverket, Transportstyrelsen

Farliga ämnen

Folkhälsomyndigheten, Kustbevakningen, Livsmedelsverket, Myndigheten för samhällsskydd och beredskap, Polismyndigheten, Socialstyrelsen, Statens jordbruksverk, Statens veterinärmedicinska anstalt, Strålsäkerhetsmyndigheten, Säkerhetspolisen, Tullverket

Ekonomisk säkerhet

Finansinspektionen, Försäkringskassan, Pensionsmyndigheten, Riksgäldskontoret, Skatteverket

Geografiskt områdesansvar

Länsstyrelserna, Myndigheten för samhällsskydd och beredskap

Skydd, undsättning och vård

Kustbevakningen, Myndigheten för samhällsskydd och beredskap, Polismyndigheten, Sjöfartsverket, Socialstyrelsen, Transportstyrelsen, Tullverket

Det finns som sagt många dugliga människor där ute så ingen ska behöva gå omkring och känna sig stressad eller osäker i onödan!

3. Två grupper

När det ofattbara händer delas samhället upp mellan å ena sidan de som trott att det aldrig kommer att kunna hända något allvarligt och som litat på att allt kommer att ordna sig av sig självt, för alltid. De som inte för sina liv kunnat förstå hur man "kan hålla på och tänka så negativt och köpa konserver och ficklampor och sånt".

Å andra sidan de som förstått att det är en enorm apparat att ta hand om ett samhälle, en region eller en hel nation som råkat i trubbel eller rent av stannat helt. De som förstått att det KAN bli aktuellt att, under åtminstone en kortare tid, ta hand om sig själv.

Foto: Hernán Piñera

22

Den första gruppen överraskas rejält, en del t o m totalt. De blir offer. Det blir hysteriskt.

Den här gruppen människor står handfallen och saknar det mesta. Mobiltelefonen används till att lysa upp i mörkret och, om mobilmasterna fungerar, för att försöka nå myndigheter för att klaga och få besked om hur myndigheterna tänker lösa det. Ett och annat inlägg på sociala medier om hur jobbigt det är hinns nog också med innan mobilen slocknar för gott. Vidare kommer de allt eftersom tyvärr att upptäcka att det mesta de tagit för givet inte längre finns där för dem. Moralen sjunker som en sten!

För dessa människor är det för sent att vakna. De får hoppas på samhället oavsett vad som hänt, försöka härda ut och göra det bästa de kan med vad de har. End of story!

Den andra gruppen går över i beredskapsläge, tar fram stearinljus, lyssnar på batteri- eller vevradion och börjar tänka på rutiner som skapats och på de förberedelser som gjorts. De sitter inte alls i sjön för tillfället. Fram med gasolköket inför middagen, färskvaror först, tappa upp vatten, toalettbesöken fungerar så HÄR från och med nu, hur mycket bränsle kan jag tänkas ha i bilen? Och så vidare.

Det blir dock inte någon dans på rosor för oss i den gruppen heller. Ett krisläge är ett krisläge men eftersom vi både mentalt och praktiskt ställt in oss på att den här situationen kan inträffa och att vi minsann ska klara den är utgångsläget det bästa. Vi kan gå vidare.

En fundamental skillnad mellan de två grupperna är att "offren", genom att ha prioriterat annorlunda, ligger räddningsarbetet och återhämtningen till last. De måste tas om hand och kommer troligen att höras och synas ordentligt redan tidigt. "Kom hit och hjälp mig då era djävlar, jag betalar skatt och jag fryser!"
Den som istället förberett för det värsta och hoppats på det bästa behöver ingen omedelbar, enskild, akut hjälp. I och med det kan viktiga samhällsfunktioner fokusera på att låta resurserna skapa lösningar i stort och smått.

Några tankar om skillnad genom (o-)medvetna val:
Snygga modekläder är dyra och coola men i de flesta fall
opraktiska. "Jag använder inte kontanter, det gör bara
omoderna människor. Dessutom samlar jag poäng på mina
inköp med kortet." Den allt vanligare rutinen med att ta en
kaffe och fika ute samt att äta lunch eller middag på
hamburgerkedjan, pizzan eller finare lokal gör att det inte
behövs så mycket i kyl, frys och skafferi där hemma.
Att ha kunnat glänsa med fint porslin för ett femsiffrigt
belopp och ett skåp fullt med vinglas á 500 kr betyder bara
att man bränt massor av pengar på döda ting i jakten på att
kunna överglänsa andra.
Man har inte heller någon nytta av att ha lagt enorma
mängder tid på att bli duktig på casino-, data-, TV- eller
mobilspel. "Inte ens" av s k First Person Shooter-spel där
barn, unga och vuxna i timmar och dagar krigar, spöar och
överlever som hjältar – men som i verkligheten kanske
känner obehag av att vistas på allmänna platser eller i en
skogsmiljö och blir vilsna om bussen tar en annan väg än
vanligt.

Val och resonemang som mynnar ut i sådant som beskrivs
ovan är försvagande och kanske självskadande i en
krissituation (en del kanske även i en normal, vardaglig
situation). Det är ofta samma människor som ifrågasätter,
och t o m hånar, andras förberedelser för att kunna ta hand
om sig själv och de sina.

4. Stanna eller lämna

Vad är bäst? Att bli kvar hemma eller att lämna hemmet, orten eller regionen för en annan plats? Det beror såklart på vad som inträffat eller kan tänkas komma. Det primära och i särklass bästa är inte helt överraskande att bli kvar och rida ut stormen hemma.

Foto: Holger Ellgaard

Är vi inte redan hemma vill vi bara ta oss hem, inte sant? Hemmet är vår centralpunkt. Där känner vi oss trygga, vi vet vad vi har och var det finns. Det är också vanligt att vi har andra att dela livet och eventuella vedermödor med där hemma. Hemma är bra. Stanna där!

Om du är på annan plats och inte KAN ta dig hem, eller tvingas vänta, är det troligen bäst att (för stunden) bli kvar där du befinner dig, t ex på jobbet, i skolan eller centralstationen eller var det nu är. Människor tenderar att förlora en stor del av sin blyghet och reservation när de sitter i samma båt och det kan skapa hjälpsamhet och gemenskap. Stanna, bli en del av detta och ta gärna initiativ. Du kan nog ta dig hem om ett tag.

Genom att stanna hemma (eller där du tillfälligt råkar befinna dig) kan anhöriga och vänner veta eller ana var du är eller normalt är på väg. Det skänker en smula lugn både för dig och andra.
En annan positiv effekt är att den som stannar hemma inte är med och korkar igen vägarna med sina fordon eller bildar klungor av anonyma människor på väg mot okända mål. I båda dessa fall utsätter du dig på flera sätt för större risker än om du blivit kvar – och kanske måste räddas/tas om hand av samhället.

Sedan finns ju lägen som KRÄVER att du lämnar din trygga vrå. Det kan bero på flera situationer eller kombinationer. Ditt hem kanske oturligt nog ligger i händelsernas centrum eller omedelbart riskerar att hamna där. Översvämning, brand, giftig rök, gas, rasrisk, strålning, fientliga trupper, total långvarig avskurenhet eller vad det nu kan röra sig om gör att du kan tvingas fatta beslutet att söka dig hemifrån – direkt eller inom kort.
Myndigheterna kan vid särskilt akuta lägen uppmana eller begära att du ska utrymma. Antingen under ordnade former, kanske t o m med gemensam transport och

uppsamlingsplatser, eller på egen hand efter bästa förmåga.

Ett annat skäl att lämna hemmet är när du inte längre kan överleva på det du har i form av resurser, utrustning och initiativ. Det är klart att om läget inte förändras till det bättre över tid kan mat, vatten, bränsle o dyl ta slut. Det påverkas av vilken typ av katastrof det handlar om och hur allvarlig den är, hur lång tid du räknat med att klara dig på egen hand – och ifall det finns en annan plats där du kan få det bättre och kan klara dig längre på jämfört med hemma.

(För de som inte brytt sig om att tänka efter före och kanske inte förberett sig ett dugg kan det komma att bli aktuellt riktigt tidigt.)

Att stanna är bra och du klarar dig längre än du tror, även när det börjar bli snålt med resurserna.

Att åka är inte heller en dålig idé men bör ske planerat och med ett mål. Behöver du verkligen åka? Vad åker du till? Är det sommarstället som ligger en lagom bit bort eller släktingen som bor 45 mil bort? Vad gör det värt resan och den eventuella risken? Kan du ta dig fram med bilen på vägarna eller åka med andra färdmedel? Hur långt räcker bränslet? Om du tvingas lämna ditt transportmedel, vad händer då? Kan du i så fall lösa det på annat sätt och klarar du av att ta hand om dig själv och en ev familj på resande fot en tid?

Bli kvar hemma så länge du kan!

5. Ta dig hem

Du själv
Din respektive
Dina barn
Andra du ansvarar för
Tillfälligt på annan plats
Utrustning som hjälper

I stort sett varje dag ger vi oss av hemifrån. Inget
konstigt med det. Det handlar om vanligheter som att gå
till jobbet eller skolan, lämna/hämta barnen, idrottande,
föreningsverksamhet, handla eller kanske rent av för en
helkväll på stan. Det är så vanliga rutiner och händelser i
våra liv att få tänker tanken att det samhälle vi tar för givet
faktiskt kan förändras tillfälligt och vår situation med det.

Foto: Johan Wessman - News Øresund

Självklart ska vi leva normala liv och inte tynga ner oss i onödan med negativt tänkande. Men genom att åtminstone för en gångs skull se över rutiner och fundera hur vi skulle lösa en krissituation på "bortaplan" gör det möjligt att kunna slappna av lite mer.

Var vill vi då helst vara när vi är hemifrån och något händer eller känns jobbigt? Ja, hemma! Det är liksom inbyggt och faktum är att den bästa platsen att ta hand om dig själv och de dina är just hemma. Där vet du vad du har och var det finns (och vad som inte finns). Du känner omgivningen och kanske har kontakt med grannarna. Har du inte det blir det lättare att komma samman i hemområdet i en krissituation än t ex på en allmän plats på andra sidan stan eller på annan ort.

Förutom den där känslan att rädda dig, att åka hem, kanske du har ansvar för barn och familj. Var är de och hur tar DE sig hem om vardagen ställs på ända?

Vi ska komma ihåg att det vi i första hand fokuserar på här är personliga förberedelser på vanlig nivå, i vår vanliga miljö och på våra breddgrader. Inte allvarliga överlevnadssituationer på savannen, hur man navigerar i öknen eller hur vi skapar uppmärksamhet och signalerar till fartyg och flygplan från en öde ö.

Är du förresten klädd och utrustad att klara strapatsen? Längre fram i det här kapitlet tittar vi på vad du kan/bör ha med dig överallt varje dag, Everyday Carry, och en s k Get Home Bag. Men först tittar vi på din situation och på ev andras i din direkta närhet.

Foto: Henry Söderlund

Du själv

Är du inte hemma befinner du dig troligen på jobbet eller studieplatsen. Där är du inte ensam, du hittar, kan mångas namn, vad de gör, bor och är intresserade av och de känner dig på samma vis. Det är en van miljö. Det är t o m den miljön de flesta av oss spenderar mest vaken tid i vare sig vi trivs där eller inte.

Det är dock inte den bästa platsen för din överlevnad i en krissituation. Du behöver ta dig därifrån, ta dig hem. Har du en kollega, eller flera, som bor i närheten av dig eller åtminstone åt ditt håll, och du ska direkt hem, gör ni bäst i att slå följe. Det finns alltid en viss risk med att färdas ensam oavsett var du är.

Ligger din arbetsplats långt hemifrån? Hur tar du dig normalt till och från jobbet?

Åker du kommunalt kanske inte bussar och tåg längre går som de brukar. Kanske inte alls. Och antalet strandsatta resenärer ökar ju längre tiden går. Är du miljömedveten och samåker eller kör din egen bil kanske vägarna korkat igen av någon anledning (kanske p g a att alla som normalt åker bil och de boende mellan din arbetsplats och ditt hem samtidigt givit sig ut på vägarna och tutande skapar kaos).

Sätt dig ner och fundera på hur du normalt reser, vad du passerar och hur du skulle kunna lösa situationen på alternativt sätt. Ta gärna hjälp av en karta i någon form. Är orsaken till problemet (ännu) lokalt? Kanske fungerar andra kommunala linjer/sträckningar. Känner du till dem över huvud taget? Har du pengar och kan snabbt hoppa in i en taxi? Om inte taxichauffören känner till, eller inte vet så mycket om problemen, kan du då enkelt tipsa om vägval för att förhoppningsvis inte fastna i trafiken eller åtminstone ta dig så långt som möjligt innan det sker? Allt som för dig närmare ditt mål är bra! Räkna alltid med det värsta och gläds åt varje liten framgång. Lyckas du transportera dig 2 kilometer av 10 har du trots allt bara 8 kvar.

Vilken väg skulle du ta om du tvingades gå och hur lång tid skulle det ta? Finns det möjligheter att underlätta din färd längs vägen? Delmål? Om det är oframkomligt längs din rutt, vilken alternativ väg skulle du kunna, eller tvingas, välja?

Tänk dig gärna in i olika scenarier, vad som kan ha hänt, säkerhetssituationen och tid på dygnet. Du är troligen själv. Är en del vägar och områden normalt säkrare än andra så gäller det även nu. Olika årstider. En lång men okej promenad eller resa med massor av byten och kanske ovissa väntetider på sommaren, är definitivt annorlunda på vintern eller under ett regnruskigt höstoväder sent om kvällen.

Foto: Daniel Mott

Din respektive

För henne/honom gäller oftast samma förutsättningar som för dig själv. Din respektive behöver också, åtminstone för en gångs skull, på riktigt ta sig en funderare. Varför inte göra det tillsammans? Den andre kanske inte är så förstående inför det här som du men försök förklara att du tänker på er och naturligtvis inte tror att det kommer hända något. Det är för er skull och en engångshändelse. Det ni uppnår är ju trots allt en plan för att så smidigt som möjligt kunna återsamlas och hjälpas åt att tackla den annorlunda verkligheten på hemmaplan, utifall det som inte får (kan) hända ändå händer.

Hur kommunicerar ni?
Försök att kort komma överens om att ni fr o m nu följer planen att ta er hem.
Telefonkontakt kan fungera. Vem ringer upp vem i första hand? Så ni inte ringer varandra samtidigt och kanske förspiller chansen till kontakt med upptagetton. Prova mobilen och en vanlig telefon (det fasta nätet, om det finns). Går det att få kontakt via datanätet? Ett meddelande via det sociala media som ni båda använder frekvent, eller via e-post? Ett meddelande som lämnas kan innehålla kort information som att du fr o m klockan XX:XX börjar ta dig hemåt. Vänta inte för länge på svar. Meddelandet kan ha gått fram men det kanske inte (längre) går att skicka svar. Tiden kan vara dyrbar. Får ni ingen kontakt får ni utgå ifrån att den andre har agerat och själv sätta fart. Så som ni kommit överens om.

Är det direkt hem var för sig som gäller för er båda? Ni är kanske inte verksamma på samma sida av stan. Eller är det möjligt att komma överens om en plats där ni sammanstrålar för att därifrån tillsammans avverka resten av färden? Ensam kan vara stark men att kämpa tillsammans hjälper definitivt upp situationen och rekommenderas.

En mötesplats kan ligga var som helst längs sträckan, tidigt, i mitten eller sent. Försök välja en plats som är antingen praktisk (t ex säker, skyddad från väder och vind) och/eller så att ni har ungefär samma tid för att ta er dit. Då slipper den ene vänta allt för länge på den andre. Viss marginal måste man såklart ha med i beräkningarna, särskilt om mötesplatsen ligger senare på färdvägen d v s har föregåtts av förflyttning som KAN ha gått otroligt smidigt eller stött på patrull och krävt alternativ eller improvisation. Det är den längre tidsrymden som bestämmer.

Ni kan t o m bestämma ett par stycken möjliga mötesplatser, särskilt om alternativa vägar är aktuella. I så fall är det viktigt att komma överens om vad som gäller för dessa, när de ska användas. Det kan röra sig om otillgänglighet, att det är oframkomligt eller avspärrat, eller tidsaspekt. "Har vi inte setts på första platsen inom X timmar gäller den andra platsen – under X timmar." eller fram till ett bestämt klockslag.

Går det för lång tid och ni inte möts eller kan nå varandra (kommunicera), gäller kanske att ni helt enkelt får sikta på att mötas hemma.

Dina barn

Har du barn? I så fall behöver de såklart tas om hand. Rätt
så hög prioritering på det inte sant?
Beroende på ålder befinner det/de sig på dagis, i förskolan
eller i skolan. Ju lägre ålder desto viktigare är det att du/ni
dyker upp, tar med barnet/barnen hem.
Myndigheterna har såklart ansvar och kommer att ta det så
långt det bara går. Ditt barn är troligen inte utsatt för akut
risk men du kommer att vilja lösa det här så snabbt och bra
du kan. Förbered!

Vem av er gör vad? Har ni ett eller flera barn? Om flera,
finns de på samma ställe, i närheten av varandra eller på
olika platser? Ju fler barn desto mer organisation.

Faller lotten på en av er att hämta eller har ni mötts upp längs vägen och hämtar tillsammans? Hur löser ni det ifall inte den andre dykt upp och kan hjälpa till? Detta ska vara bestämt i förväg för att undvika förvirring och oro, både för er och barnet och för att den vuxne ska kunna lösa situationen på egen hand om så krävs.

Finns det barn ska de såklart utgöra en del i planeringen ovan. Hämtandet blir en punkt på vägen hem. Är de stora nog så förmedla avdramatiserat att OM något skulle hända någon gång så ska de stanna där de är och lyda sina lärare och hjälpa till tills du/ni dyker upp och löser i princip allt, även om de kanske får vänta lite.

Under tiden har de som normalt har ansvaret för dina barn, t ex i skolan, fortsatt ansvar i en ev krissituation.

"Men mitt barn tar sig till och från skolan själv varje dag. Då borde väl han/hon klara av att ta sig hem även om det hänt något?"
Redan i den **vanliga vardagen** är det en svår, individuell bedömningsfråga och det handlar om flera faktorer. Hur lång är sträckan, rör det sig om promenad eller kommunala färdmedel, vilka risker (som t ex trafik) finns det, är barnet moget att själv ansvara för detta? Och så vidare.

Samma faktorer gäller i en krissituation – och några till eftersom läget är osäkert utifrån vad som överraskande har hänt. Barnet har det bäst och säkrast i t ex skolmiljön

till det att du eller din respektive dyker upp och tar över ansvaret.
Det gäller även för ungdomar/äldre tonåringar!

Det är du som förälder som bär det yttersta ansvaret och skyldigheten att på bästa sätt ta hand om dina barn/ungdomar oavsett deras ålder, självklart även i kristider. Bär det med omsorg och fatta vuxna beslut.

Andra du ansvarar för

Har du ansvar för, eller tar hand om någon annan? En förälder, en släkting, en bekant? I så fall ska du såklart planera in även det.
Hur mycket omsorg behöver denna person? Kan han/hon vara kvar i sin bostad och klara sig själv större del av tiden med inplanerade, periodiska besök från dig? Hur ser krissituationen ut? Kan du räkna med att fullfölja de viktiga, återkommande besöken trots det ovanliga läget? Krävs det mer omsorg eller kräver situationen att du ser till att personen snarast flyttar hem till dig istället? Hur löser du i så fall det? När, hur, med hjälp av vem? Finns resurser i hushållet även för denna person?

OBS! Tänk även på ev djur du ansvarar för!

Tillfälligt på annan plats

Okej, det finns även andra situationer och platser som mycket väl kan komma i fråga. Ett krisläge kommer oftast oannonserat och slår till oavsett om vi för tillfället befinner oss hemma, på jobbet eller är ute i andra ärenden.
Det är generellt bra att skaffa sig lokalkännedom och hålla lite koll så du vet var du är och vet hur du tar dig hem igen. Att passivt flyta med och ägna all sin uppmärksamhet åt att studera "viktigheter" i din mobiltelefon, som onlinespel och sociala medier, är inte bra. Det triggar också eventuella skumma element som letar efter potentiella, ouppmärksamma eller förvirrade offer.
Åker du bil så kollar du och minns vägen du tog för att komma dit. Den vägen är den du i första hand ska välja att omvänt ta när du åker därifrån. Detsamma gäller om du

åker kommunalt. Fungerar plötsligt inte förstahandsvalet gäller det att finna alternativen på samma sätt som gäller för scenariot på ditt jobb. Försök behålla lugnet.

Hur som helst. Det går såklart inte att utarbeta "ta dig hemplaner" för varje liten tur du gör. Rör du dig i kända, inte allt för avlägsna kvarter för ditt matvaruinköp, restaurangbesök eller din kvällskurs behövs det kanske inte heller.
Ska du däremot besöka en mer, eller helt, okänd plats kan du i förväg se hur det ser ut genom att studera kartan på nätet. Du kan t o m få s k gatuvyer och se hur det ser ut på/kring platsen du ska till. Kolla gärna även hur lokaltrafikens linjer ligger i området. I och med det har du också skaffat en "lokalkännedom light" som underlättar ifall du på egen hand måste välja alternativa sätt att ta dig hem.

En situation som kan bli mycket besvärlig är om det händer något när du är avtrubbad och knappt är kapabel att ta hand om dig själv ens när allt fungerar som det ska. Utekvällen blev kanske lite för blöt. Oddsen att kreativt lösa sin alternativa hemfärd på fyllan är inte så goda. Du kan t o m själv göra så att det blir betydligt farligare än vad det egentligen är. Det är dessutom knepigt att ha med sig sin Get Home Bag på krogen.
En titt på kartan, lokaltrafiken, en snabb riskbedömning innan och din Everyday Carry-utrustning tillsammans med gott omdöme vad gäller alkohol kanske får räcka för den gången? Har du en respektive och kanske barn ska

du såklart innan se till att det är ordnat för dem när du är
borta så du inte sätter även dem i en svår situation.

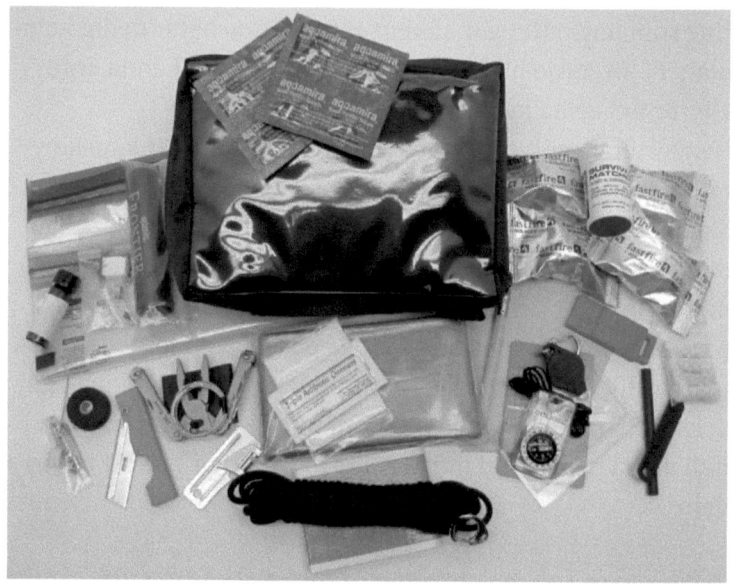

Foto: twintiger007

Utrustning som hjälper

Den som stått där i mörkret längst in i storvaruhuset när
strömmen gått vet att en ficklampa hade varit bra (varuhus
har sällan fönster numera – kolla själv). Lägg till att du
snabbt måste ta dig ut, det kanske börjar lukta svagt av
brandrök där i mörkret, då blir den där pyttelilla LED-
lampan som alltid hänger runt halsen och aldrig används
en oumbärlig räddare i nöden.

Everyday Carry betyder kort och gott lite utrustning som du bär med dig/har på dig varje dag. V-a-r-j-e d-a-g! Utvalda små nyttoprylar som kan underlätta för dig. Något varje vuxen noga borde överväga. Exempel:

- Armbandsur, för koll på tiden utan att slösa på mobiltelefonens batterier/när mobilen dött
- Kontanter, för betalning när plastkort, terminaler o dyl slutat att fungera, för en tjänst, en vara, som muta etc. Förvaras med fördel i plånboken(!)
- ID-kort, för att kunna legitimera dig, i plånboken
- Tändare eller tändstickor. Tändstickor kan förvaras i en liten behållare på t ex nyckelknippan så de alltid är med
- Fällkniv, gärna "normalare" liten Swiss Army Knife-modell, med flask- och konservöppnare t ex på nyckelknippan
- En liten men pålitlig kompass, t ex på klockarmbandet eller på nyckelknippan

- Liten LED-ficklampa, t ex runt halsen eller på nyckelknippan
- En penna för att kunna notera eller lämna ett meddelande

En del väljer att göra en separat nyckelring med det viktigaste som de reflexmässigt tar med på samma sätt som nycklar, plånbok och mobiltelefon.

Get Home Bag, en vanlig liten väska eller ryggsäck i vilken du har utrustning som kompletterar det du bär direkt på dig varje dag och hjälper dig att ta dig hela vägen hem! Den gör att du har med dig förnödenheter och utrustning och kan fokusera på uppgiften. En Get Home Bag är personlig.

Det är du som bestämmer vad den ska innehålla utifrån dina behov och vad som kan förväntas. Försök dock att hålla nere volymen och vikten. En otymplig och/eller tung bag gör det mindre troligt att du tar den med och då är den ju värdelös. Här är exempel på en del förekommande val av innehåll:

- Vatten i flaska, PET eller annan lättviktsflaska, färdigt att dricka
- Life Straw, även kallat "filtersugrör" och "vattenreningssugrör". En kanonprodukt. Sug orent vatten genom detta och du får rent dricksvatten
- Power Bars, såna där kakor som ger energi, stillar hungern en aning och kan ge visst välbefinnande. Det finns flera märken och smaker att välja bland.
- Choklad, vanlig chokladkaka. Ger energi, stillar hungern en aning och kan ge visst välbefinnande
- Tändare eller tändstickor, gärna fuktskyddat. Om du redan har det som Everyday Carry-pryl gör det inget att ha en extra tändare eller ask tändstickor
- Ett par tändkuddar eller ett värmeljus för att hjälpa till att göra upp en eld med
- Aluminiumfilt, även kallad "Space Blanket" och "Thermo Blanket". En sån där liten lätt, platt sak som du vecklar ut till cirka 200 x 160 cm. Skyddar dig mot kyla och naturens element
- Första hjälpen-kit, för att akut kunna förbinda sår och stoppa blödning. Försvarets eller motsvarande. Finns billigt på bl a apoteken
- Värktabletter, några få vanliga, mot tillfällig värk

- Receptbelagd medicin om du har det behovet. Se till att ta med för att täcka ett par-tre dagar
- Regnponcho, som skydd mot regn och blåst. Även som ett extra skal eller litet regnskydd/tak för natten om du stannar till eller övernattar i det fria
- Extra kläder efter säsong. Det kan vara en tjocktröja, långkalsonger, en toppluva och vantar, en keps/hatt och ett ombyte strumpor. Beror även lite på vad du redan har på dig
- Skor, bekväma att gå långt i, om du inte normalt redan går i såna till vardags (behöver absolut inte vara kängor)
- Arbetshandskar, skyddar händerna mot smuts, slitage, skador och i viss mån mot vind och kyla
- Multiverktyg, med tång, kniv, mejslar o dyl
- Karta, för att kunna orientera dig
- Kompass, för att kunna orientera dig och ta ut och hålla en riktning
- Visselpipa, för uppmärksamhet vid ett nödläge, om du t ex skadar dig allvarligt, gått vilse i skogen eller blir överfallen
- Ficklampa, för att t ex hitta ut ur en byggnad, kunna läsa kartan eller göra andra saker i mörker. Det blir väldigt mörkt när ALLT slocknar, även utomhus. Dessutom för uppmärksamhet eller signalering. Pålitlig, helst smidig, lätt och LED
- FM-radio, liten, för att kunna höra nyheter. Kanske dynamoladdad, med vev
- Silvertejp, bra till mycket t ex laga utrustning, fästa saker, förstärka saker, göra en markering (och

skriva meddelande på), bygga spjälkning vid olycka
m m (och som hjälp för att göra upp eld)

- Våtservetter, för personlig hygien och sårtvätt
- Toapapper, behöver knappast någon presentation.
  Du behöver inte bära omkring på en hel rulle
- Extra kontanter, kanske ett par-tre hundralappar,
  även om du normalt bär med dig pengar i
  plånboken

Kan du använda din Get Home Bag till övrigt du vill eller
ska ha med dig är det perfekt. Då blir din väska eller
ryggsäck "normaliserad" och den enda väskan eller
ryggsäcken du använder med plats för arbetsprylar och
datorn, träningskläder o dyl.

6. Kunskap och erfarenhet

Böcker
På TV
Hemsidor på internet
Kursverksamhet
Friluftsliv

För att bli förberedd skapar du en egen plattform av kunskap och erfarenhet. Din plattform består i grunden av allt du lärt och kan – på alla områden. Hur kan det komma sig? Jo, din allmänbildning och dina färdigheter skänker dig självförtroende, lugn och initiativ, tre mycket viktiga beståndsdelar både i den fungerande vardagsrutinen och i en situation där saker och ting skakats om. Med kunskap om förberedelser samt erfarenheter på områden som gör att du kan klara dig själv och hjälpa andra kommer du att ha förutsättningar för fortsatt självförtroende, lugn och initiativ hela vägen. Din plattform blir större och stabilare!

Den här boken är en del av kunskapen i din större plattform och för att skaffa mer kunskap och erfarenhet bör du fortsätta lära. Ta till dig av information som finns och absolut genom att fundera kring vad du kan behöva och kan dra nytta av.

Med information på området menas böcker, TV, hemsidor på internet, kursverksamheter och inte minst friluftsliv. Låt oss titta på dem i tur och ordning.

Böcker

Det finns en hel del böcker på området överlevnad och det i sig kan göra det svårt att välja. Alla bjuder de på tips och tricks för att klara livhanken och gå vidare vilket är viktigt men en hel del av dem flyter ut och blir lite generella och spänner gärna över flera geografiska områden för att täcka upp. Perfekt för den allmänt intresserade eller den som ska göra en resa till t ex södra Stilla havet. Allmänt intresse eller en ännu större plattform är förvisso inte alls dumt men går utanför ramarna i vårt hemmafokus. Här är några klassiska böcker som är allmänt erkända och kanske de allra bästa. De har alla fokus på våra förhållanden och är författade av svenska experter, d v s människor som arbetar/arbetat med ämnet – för människor som förväntas befinna sig i krävande miljöer och som kan komma att hamna i krissituationer. Du bör hitta böckerna via din bokhandlare, nätet eller Försvarets bok- och blankettförråd.

Överleva i det sårbara samhället
Av: Mats Ekeblom, Stefan Källman och Lars Fält
Antal sidor: 133, rikt illustrerad
ISBN: 91-534-1486-1
Förlag: Libris

> *Överleva i det sårbara samhället. Titeln säger allt! Det här är en annorlunda överlevnadsbok eftersom den utgår från vårt vardagliga, civila samhälle och inte djupa skogar, hedar och fjäll.*
> *Boken ger så väl underlag för sårbarheten som konkreta tips om lösningar.*

Överleva på naturens villkor
Av: Stefan Källman och Harry Sepp
Antal sidor: 192, rikt illustrerad
ISBN: 9789153419778
Förlag: ICA-förlaget

Den här boken har kallats den civila varianten av försvarets handbok. Överleva på naturens villkor, med undertiteln Handbok för säkerhet i vildmarken, innehåller det mesta man kan önska på området men utelämnar det militära. Förvisso fortfarande en klassisk överlevnadshandbok men mycket går att dra nytta av även om man inte lämnar tomten eller sitt närområde.

Överleva vintertid på naturens villkor
Av: Lars Fält och Stefan Källman
Antal sidor: 157, rikt illustrerad
ISBN: 91-534-0965-5
Förlag: ICA-förlaget

En mycket god fortsättning på boken Överleva på naturens villkor, nu med fokus på friluftssäkerhet vintertid. Mycket viktiga kunskaper för en miljö som ingen oförberedd vill ställas inför. En överlevnadshandbok för fältmässiga förhållanden men mycket nyttig!

Tre till av Lars Fält, en av de allra mest erfarna och kunnigaste på området överlevnad, vildmark och friluftsliv:

Uteliv med Överlevnadskunskap
Av: Lars Fält
Antal sidor: 159, illustrerad

ISBN: 9789186433406
Förlag: Vildmarksbiblioteket

Uteliv på sommaren
Av: Lars Fält
Antal sidor: 198, illustrerad
ISBN: 9789186433345
Förlag: Vildmarksbiblioteket

Uteliv på vintern
Av: Lars Fält
Antal sidor: 158, illustrerad
ISBN: 9789186433215
Förlag: Vildmarksbiblioteket

Försvarets överlevnadshandbok
Av: Lars Fält, Stefan Källman m fl
(1988 års utgåva)
Antal sidor: 229, rikt illustrerad
Försvarets M-nummer: M7734-472091
ISBN: 91-38-12172-7
Försvarsmakten och Försvarsmedia

> *En mycket omtyckt, seriös bok välkänd bland*
> *friluftsfolk, försvarsanställda och f d*
> *värnpliktiga, framställd av experter från*
> *Arméns överlevnadsenhet och Försvarets*
> *forskningsanstalt. Den behandlar det mesta*
> *och lämpar sig väl för de flesta även om det*
> *militära fokuset och den militära*

överlevnadssituationen såklart ligger till grund.

Vintersoldat
Av: Johan Skullman, Lars Fält, Tomas Nybom m fl
(1997 års utgåva)
Antal sidor: 143, rikt illustrerade
Försvarets M-nummer: M7742-112112
Försvarsmakten i samarbete med Sörman Information & Media AB

> *Det här är också en militär handbok men mycket, mycket innehållsrik och viktig. Vintersoldat är en riktig klassiker inom försvaret och har kommit ut med reviderade upplagor i decennier. Utmärkt för de flesta som vill lära mer om utomhuslivet och att överleva i den krävande vintermiljön.*

Vidare finns det ett område som kan vara riktigt bra att titta närmare på – matlagning. Här menas kanske inte i första hand den enorma flora av kokböcker vi är vana vid utan snarare de som tar upp kunskap av äldre snitt, de som tar upp lite mer varianter av rätter och tillagning, kanske t o m handhavanden och rätter vi inte längre riktigt minns.

Expedition mathantverk :
från stoppad korv till nedgrävd tupp
Av: Mikael Einarsson, Gustav Lindström och Henrik Francke
Antal sidor: 171

ISBN: 9789127132658
Förlag: Natur Kultur

*En bok om de grundläggande principerna
bakom matlagning och smak som utsågs till
årets bästa grundkokbok 2012. Ur
motiveringen "...handlar om att återerövra
gamla matlagningstekniker. Riktiga råvaror
möter eld och rök, salt och socker..."
Resultatet blev 12 större matprojekt och över
100 recept!*

Sök även på internet för viktig, intressant information, recept o dyl. Sök t ex med fraser som "mat på gammalt vis" och "recept från förr", "husmorsrecept" m m.

Det finns även många äldre utgivna titlar och de producerades ofta i större upplagor och flera nytryck. Ett säkert tips är att kolla i antikvariat, på marknader och på internet. Exempel:

Kajsas kokbok
publicerades 1935 och åtta år senare hade den tryckts i hela 225.000 exemplar. Den är på 368 sidor, i ett smidigt format och omfattar matlagning på längden och tvären, bakning, konservering m m, m m.

Iduns kokbok
från 1911 är en annan fin kokbok som också hanterar hela köksarbetet och tar upp det mesta, liksom även presenterar en del, för oss idag, udda maträtter.

Hela boken digitaliserades i Projekt Runeberg 2004 och lades upp på internet, fri för allmänheten. Adress: *runeberg.org/idunskok*

Foto: flash.pro

På TV

Ett område som kommer och går på TV är överlevnadsprogram och på senare tid även så kallad Doomsday prepping.

Här känns det som att ett förtydligande är på sin plats: Det finns olika typer av förberedande, från den "lättare" version som vi fokuserar på här – att kunna ta hand om sig själv några dagar eller en vecka vid en tillfällig krissituation, till betydligt tuffare långtidsprepping.

Den senare spänner över betydligt längre tidsramar och har ofta en helt annan utgångspunkt där världen av olika anledningar inte längre ser ut som den alltid gjort och där räddningen ligger långt fram – om den ens är att räkna med. T ex nämns apokalyptiska orsaker/risker som att världsekonomin havererar helt okontrollerat, att solstormar slår ut all elförsörjning och kommunikation, pandemier, krig med atom- eller biologiska vapen, kollisioner med asteroider och kometer m m, m m. Då gäller det att klara sig själv på alla sätt och länge. Kanske för all framtid.

I framförallt USA har man gjort TV av långtidsprepping, inte sällan kraftigt dramatiserat. Här finns en del intressant att uppmärksamma och tips att ta till sig av, även om man inte anammar det i sin helhet och väljer att sålla.

I övrigt finns det kanske inte så mycket med fokus på förberedelser inför problem i samhället men väl en del lite gammal hederlig överlevnad som går att få kunskap och stöd ur. På respektive hemsida finns program och programserier listade.

Ray Mears
En brittisk favorit som gjort många, många program och i stort sett funnits med i TV sedan 1994 (med BBC och ITV som prod). Ray är en lugn, seriös friluftsmänniska som intresserar sig för bushcraft, respekt för naturen, kultur och historia när han lär och lär ut. I ett program besökte och levde han i norra Sverige. Han skriver även böcker och

håller kurser. Sök på Ray Mears på Youtube. Adress: *www.raymears.com*

Les Stroud

Känd för oss som Survivorman. 7-10 dagar helt på egen hand med ett uppdrag och några handkameror är hans signum. Les Stroud är en kanadensisk jordnära karaktär, otroligt skicklig på det han gör och när det känns som mest ensamt åker munspelet fram. I en av hans strapatser var han strandsatt i Norges obygd i 10 dygn senvinter. Han har även gjort mer dokumentära serier med fokus på stamliv och bushcraft samt ett par serier om bl a hajar. I allsidigheten har han även släppt musik. Sök på Les Stroud på Youtube. Adress: *lesstroud.ca*

Bear Grylls

TV-överlevnadsprogrammens okrönte action-kung. Vad inte de andra överlevnadsexperterna är, är Bear Grylls. Han springer nerför bergssluttningar och vadar upp till midjan genom krokodiltäta vatten fast att både han och vi vet att det är korkat och farligt men det blir tuff, säljbar TV. Hur som helst har Bear gjort massor av expeditioner och program. Han har sin egen Academy och sitt eget varumärke på kläder, knivar m m. Sök på Bear Grylls på Youtube. Adress: *www.beargrylls.com*

Hemsidor på internet

Den digitala världen bjuder på massor av överlevnad men
när det gäller skandinaviska förberedelser är det såklart
tunnare. Här finns dock mycket bra:

Civilförsvarsförbundet
Verksamma sedan 1937 är de en institution på området,
livligare än någonsin: *"Civilförsvarsförbundet organiserar
och utbildar riskmedvetna, engagerade och ansvarstagande
medborgare."* Hemsidan är mycket användbar. De erbjuder
gratis tips och råd, har egen butik och håller kurser. En
mycket viktig, öppen resurs.
Adress: *www.civil.se*

Myndigheten för samhällsskydd och beredskap
Tidigare känd som Krisberedskapsmyndigheten, hjälper den offentliga sektorn, privata företag, föreningar och privatpersoner med information inför en eventuell krishändelse och bidrar till att förebygga sådana händelser. Man utbildar personal och under Genvägar för privatpersoner finns en hel del av intresse!
Adress: *www.msb.se*

Krisinformation.se
En extremt viktig informationskälla till myndigheternas samlade krisinformation. Den drivs av MSB och presenterar senaste nytt, varningar, rekommendationer, m m inför eventuella kommande eller innevarande problem. Sajten har även förklaringar och temaartiklar om olika områden.
Adress: *www.krisinformation.se*

Alternativ.nu
En liten guldgruva online om praktisk kunskap och självhushållning med en levande handbok, forum och shop. Man spänner brett över många viktiga och intressanta områden bl a odling, djurhållning, fiske, mat och matlagning, bygga och bo, hantverk m m.
Ta chansen att snappa upp ett och annat! Sidan drivs av tidningen Åter som grundades 1998.
Adress: *handbok.alternativ.nu*

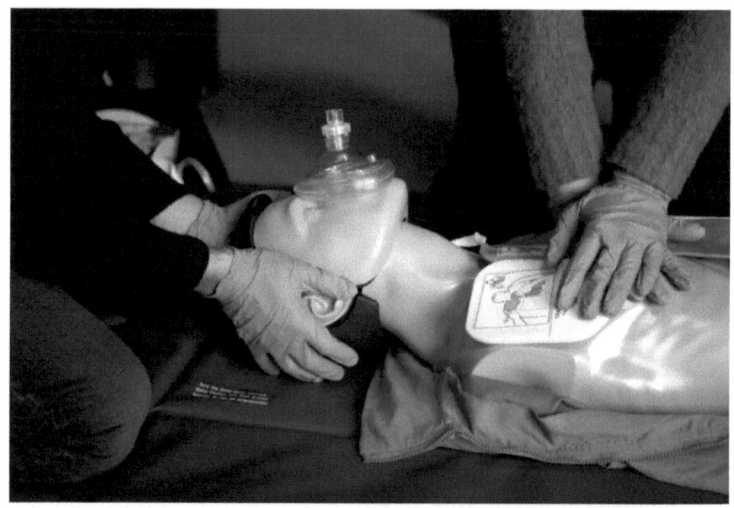

Kursverksamhet

Att gå en utbildning är upplyftande. Du kommer samman med andra som är intresserade och får kunskap och erfarenhet. Här bestämmer och väljer du själv utifrån din befintliga förmåga, vad du vill eller känner att du behöver fördjupa dig i och såklart hur mycket tid och kapital du har till ditt förfogande.

Civilförsvarsförbundet

De säger det så bra själva: *"Civilförsvarsförbundet arbetar för ett tryggare Sverige i alla lägen. Vi vill att du ska klara en krissituation och vara medveten om vilka risker som finns i samhället."* De håller kurser i bl a första hjälpen och hjärt- och lungräddning. Rekommenderas!

Adress: *www.civil.se*

60

Friluftsfrämjandet

Sveriges största friluftsorganisation med ca 80.000 medlemmar anordnar överlevnadskurser i flera steg där en av dem har fokus på barnfamiljen. Genom Friluftsfrämjandet har du också alla chanser att komma ut i naturen, på egen hand eller tillsammans. Adress: *www.friluftsframjandet.se*

Överlevnadssällskapet

Att sprida överlevnadskunskap och öka individens och samhällets överlevnadsmöjligheter är verksamheten. Här finns ett starkt engagemang och friluftsintresse. Överlevnadssällskapet erbjuder en mängd mycket intressanta kurser. Adress: *www.overleva.nu*

Foto: Gorkaazk

Friluftsliv

Genom vanligt friluftsliv lär vi känna en annorlunda situation där mycket av det vi är vana vid inte finns med. Ta bara en sån sak som elementen. Man blir törstig av att promenera en stund oavsett väder - som kan skifta och kräva att vi lättar eller förstärker klädseln. Vi behöver göra val av alla de slag. Val som direkt påverkar upplevelsen och välbefinnandet. Vilken väg ska vi ta? När och var stannar vi och fikar eller äter? Eller kanske t o m beslutet att vända om.

När man träder in i naturen får man noga förbereda och sedan klara sig på det man har ordnat för sig. Alternativa lösningar dominerar inom matlagning, vikten av vatten, klädsel, läger/boende, sammanhållning o s v. Insikten att anpassa sig utifrån gällande situation och behov tillåts komma fram liksom värdet av improvisation. Att bege sig ut i skog och mark kan man göra själv när som helst så länge man vet vad man håller på med – och det behöver inte alls handla om att marschera miltals i vildmark, gå Kungsleden eller bestiga en bergstopp. Att bara få komma ut en bit från där man bor gör också gott, både för erfarenheten och för själen.

Friluftsfrämjandet

Nästan oavsett vad du har för idé om friluftsliv kan Friluftsfrämjandet erbjuda något. Sveriges största friluftsorganisation! Ta en titt på deras hemsida så förstår du. Adress: *www.friluftsframjandet.se*

Kom också ihåg att inventera dina kunskaper och erfarenheter. Vad kan jag? Vad är jag osäker på?

Det finns många sätt att skapa kunskap och erfarenhet som ger dig självförtroende, lugn och initiativ.
Läser du på och utbildar dig blir din plattform större och stabilare!

7. Grundläggande behov

Luft
Vatten
Mat
Värme
Toalett

Minnesramsan "3, 3, 30" betyder att vi normalt klarar cirka tre minuter utan luft, cirka tre dagar utan vatten och cirka trettio dagar utan mat. Den beskriver tre av våra fysiska gränser och påminner oss om att varken överskatta, eller underskatta, våra möjligheter.

Luft, vätska och näring utgör tillsammans med värme våra grundläggande behov för överlevnad och ska därför alltid prioriteras!

Här väljer vi att även ta upp en annan viktig detalj i våra liv, som även den hanterar våra fysiska gränser, nämligen toaletten. Det är en bekvämlighet som alltid finns där och som vi kommer att sakna rejält om den slutar fungera. De allra flesta av oss bor nuförtiden så att vi inte ens, kan "backa tillbaka" till utedass utan tvingas lösa det på plats, i huset eller lägenheten.

Luft

Ren, eller åtminstone hyggligt ren luft att andas tar vi för givet och normalt är inte tillgången på syrerik, andningsbar luft en bristvara. Inte ens i en krissituation.

Det handlar i grund och botten om ventilation. Är utomhusluften inte förorenad ska du då och då vädra ut och ersätta dålig inomhusluft med ny, fräsch luft. Det är extra viktigt om du t ex tvingas dela ett mindre eller slutet utrymme med flera människor och/eller använder en värmekälla. Detta gäller oavsett årstid.

Syrebrist

När vi eldar med öppen låga förbrukas syret i luften i processen.

Symptomen är huvudvärk, illamående, kräkning, hyperventilation, blåaktig färgning av läppar eller naglar, yrsel, förvirring

Åtgärd: För genast ut personen som misstänks vara påverkad av syrebrist i friska luften! Ring eventuellt 112 för råd och hjälp om det är möjligt.

Koldioxid (CO2)

I utandningsluften från människor och djur finns koldioxid, en osynlig och luktfri gas, som normalt finns i vår omgivning och som i normala halter är helt ofarlig. I högre koncentrationer, t ex i slutna eller illa ventilerade utrymmen kan den dock tränga undan syret ur luften, särskilt på en rumsytas lägre punkt.

En varningssignal kan vara en syrlig/sur smak i munnen och/eller en stickande känsla i hals och svalg.

Symptomen är huvudvärk, illamående, kräkning, snabbare andhämtning/hyperventilation (det är halten koldioxid som reglerar vår andhämtnings djup och intensitet - därav hyperventilation).

Åtgärd: För genast ut personen, som misstänks vara påverkad av koldioxid, i friska luften! Om möjligt, ring 112 för råd och hjälp!

Kolmonoxid (CO) även känd som Koloxid

Kolmonoxid är den verkligt farliga boven och bildas vid s k ofullständig förbränning av kol och kolföreningar. Det är en osynlig, lukt- och smakfri, giftig gas som uppstår när man eldar organiskt material, kolväten t ex ved, briketter, kol eller gas.

Kolmonoxidförgiftning är mycket allvarligt då den giftiga kolmonoxiden skapar syrebrist i vävnaderna samt förgiftningstillstånd i bl a hjärtmuskeln och det centrala nervsystemet!

Symptomen är bl a hög puls, huvudvärk, illamående, andningsproblem, yrsel, förvirring, trötthet, synrubbning. **Åtgärd:** För genast ut personen, som misstänks vara påverkad av kolmonoxid, i friska luften! Kolmonoxidförgiftning är akut! Beroende på grad av förgiftning behövs olika grad av vård/sjukvård. För mer om hur kolmonoxidförgiftning behandlas, sök på t ex *"vård kolmonoxidförgiftning"* på nätet. Om möjligt, ring alltid 112 för råd och hjälp!

Skadlig luft utomhus
I särskilda situationer kan luften utomhus vara förorenad, t ex av brandrök, gas eller vid risk för giftspridning. Då ska du genast gå in och stänga dörrar, fönster, ventilation, ev luftvärmepump, luftkonditionering o dyl.

Sök uppdaterad information om läget genom att lyssna på radionyheterna, kolla myndigheternas information via nätet (t ex på *www.krisinformation.se*) och håll uppsikt på läget runt omkring där du befinner dig.

Vatten

Efter luft är vätska vår viktigaste prioritet för att överleva. Kroppen består till cirka två tredjedelar av vatten och redan en liten vätskeförlust påverkar din förmåga att fatta beslut och arbeta.

Man brukar rekommendera vuxna att dricka 2-3 liter vatten per dygn. Vuxna som arbetar hårt och svettas mycket behöver mer, kanske 4-5 liter per dygn. Barn behöver normalt ca 1,5 liter vatten per dygn. Håll gärna koll på mängden så det inte blir för lite.

För litet vattenintag resulterar i vätskeförlust och leder, förutom att du blir törstig, till slöhet, likgiltighet, försämrad aptit, illamående och huvudvärk. Ett tecken på att du inte ersatt förlorad vätska är att urinen blir mörkare (normal urin är närapå färglös eller svagt gulfärgad).

Inte nog med att vi behöver vatten, vi behöver rent vatten och det finns normalt i vårt kommunala vattennät. Vid ett strömavbrott, som påverkar den kommunala försörjningen, fortsätter det att komma vatten ur din kran en tid. Passa på att fylla upp dunkar, vattenflaskor eller badkaret.

Har du egen brunn har du också en elpump och behöver ett alternativ för att kunna pumpa upp vatten, t ex batteridrift eller ett bensin-/dieselaggregat eller varför inte gå "back to basics" med en handpumpslösning eller möjligheten att "hinka" upp vatten om möjligt?

Uppsamlat regnvatten är sötvatten. Varför inte sätta ett kärl vid stupröret eller skapa en liten anordning som automatiskt samlar och sparar några liter regnvatten?

Vintertid kan du alltid smälta is och snö.

Finns det ett friskt vattendrag eller en sjö i din närhet, som inte tar emot utsläpp och inte allt för mycket avrinning från åkerytor o dyl, kan du hämta hem vatten därifrån. Ta gärna i förväg reda på mer om hur vattensituationen ser ut runt omkring där du bor. Finns det sjöar eller bäckar med okej vatten att tillgå i en nödsituation?

Har du inget vatten alls? Jodå, du har din toalett(!) I spolcisternen, alltså vattentanken "bakom ryggen", som spolknappen eller spolhandtaget sitter på, finns några liter att tillgå – ifall du inte hunnit spola bort det vill säga. Det är rent vatten som levererats dit från samma ledning som till din vattenkran i t ex handfatet och köket och har inte varit i kontakt med andra delar av toaletten. Skopa upp eller töm över det i kärl med hävertprincipen ("slanga" ur det).

Har du orent eller misstänkt orent vatten ska det renas! Det gäller även kran- eller brunnsvatten som lagrats en tid då även det kan drabbas av bakterietillväxt. Sila eventuellt först vattnet genom kaffefilter eller ett rent tygstycke för att få bort smuts och större föroreningar. Koka därefter vattnet. Hur länge vattnet ska koka finns det flera bud om. Det beror på varifrån vattnet kommer och dess skick. För misstänkt kommunalt vatten från kranen räcker det med ett uppkok enligt Livsmedelsverket. För annat vatten talar Försvarsmakten generellt om 2-20 minuters koktid. Fyll inte på med vatten när det kokar. Det nya, tillsatta vattnet får då inte kokat full tid! Ett alternativ till att koka vatten är att rena det med vattenreningstabletter eller vattenreningspulver. Följ doseringen och verkningstid angiven på förpackningen. Sök på *Water purification tablets, Puritabs, Bio Tab, Aquatabs* eller *vattenreningstabletter* på internet. Det finns även smidiga handpumpade filteranordningar som kan rena flera tusen liter vatten, t ex från Katadyn. Vill du ha personlig service är en välsorterad sport- eller friluftsbutik att rekommendera.

Se till att inte något drickbart i frys, kyl och skafferi går till spillo, som mjölk, fil, yoghurt, grädde, juice, läsk, öl. Utnyttja gärna sådant som kan förbättra smaken och ge lite energi eller välbefinnande t ex saft- och juicekoncentrat, buljong, chokladpulver, te, kaffe m m.

Mat (alltså proteiner, kolhydrater, fett, vitaminer, mineraler och sånt)

Behovet av mat är olika mellan individer och påverkas även av vad vi tar oss för. Mat är kroppens bränsle och ger oss energi att jobba och tänka. Enligt ramsan 3, 3, 30 klarar människan upp till 30 dagar utan näring men det blir väldigt tufft ju längre tiden går av de 30 dagarna. När kroppen förbrukat den sista maten tas energi från kroppens egna energiförråd.

Genom att förbereda dig klarar du flera dagar och kanske veckor innan det blir så knapert att de där 30 dagarna över huvud taget börjar. Under den tiden du klarar dig själv kan problemen som orsakat krissituationen vara lösta.

Ordningsföljd

Om du blir strömlös ska du först se till att använda kylvarorna. Dessa kräver en lagringstemperatur på max 8 plusgrader för att hålla sig fräscha (+5 grader rekommenderas för längre hållbarhet). Är det 1-8 plusgrader ute kan du ta ut och förvara kylvarorna utomhus en tid. I annat fall gäller det att snarast äta upp eller slänga.

Dina frysvaror står på tur. Om du låter bli att öppna dörren håller frysen kylan runt ett dygn. I frysen är det normalt med en temperatur på minus 18 grader (varje grad under -18 ökar elförbrukningen med ca fem procent). Är det minusgrader ute kan du ta ut och förvara frysvarorna utomhus en tid. I annat fall gäller det att snarast äta upp eller slänga.

Därefter kommer du till varorna som klarar sig längre helt naturligt. Dessa ska vi titta närmare på.

Lagra mat

Börja med att tänka att du inte längre kan handla en enda vara i affären. Den är stängd eller urplockad och tom. Du kanske inte heller kan förflytta dig till en annan del av staden eller regionen för tillfället. Dags att göra det bästa av situationen. Du är trots allt hemma. Normalt en utmärkt plats att vara på, även i kristider.

Tänk på vad du har där hemma. Skapa ett "skafferi" med varor som håller länge (längre) och som alltid finns. Mat som du/ni löpande tar av och använder men som också direkt ersätts med nytt. Alltså, om du har en stor konserv med Ravioli och tänker tillaga den så har du redan köpt hem en nyare, likadan att ställa i skåpet.

Fokusera på att lagra varor som inte behöver förvaras i frysen eller kylen. Konserver och torrvaror/pulver är prio. De är oömma, kan förvaras länge i normal rumstemperatur och är enkla att tillaga. Öppna burken eller påsen, tillsätt ev vätska och värm. Färdiglagad mat i konserv går dessutom utmärkt att äta kall, den är ju redan tillagad och okej.

Håll koll på bäst före-datum när du handlar. Alla varor har den märkningen. Ju längre fram bäst före-datumet är, desto bättre. Håll även lite koll på varorna du har förvarade hemma så inget löper över tiden i onödan. Börjar det närma sig? Använd, njut och ersätt!

Här ska även nämnas att märkningen bäst före skiljer sig markant från den märkning vi hade förr som hette sista förbrukningsdag. Bäst före innebär, som namnet antyder, att maten är bäst före ett visst datum längre fram. Det betyder inte, som en del tyvärr tror, att maten automatiskt är obrukbar efter det datumet! Har datumet precis passerats på din pulversoppa eller konserv är det ingen fara. Öppna, titta, lukta och (tillaga samt) smaka. Den här typen av matvaror och förpackningar klarar ofta betydligt längre tid än vad bäst före-märkningen anger. Det gäller särskilt riktiga helkonserver.

Vad ska du då ha hemma? I detalj är smaken olika men här nedan finns förslag på varugrupper och varor. Botanisera gärna i din favoritbutik nästa gång och se vad som finns, vad du gillar och hur länge varorna garanterat håller sig fräscha.

En veckas matförråd

Förslag på varor som täcker behovet för en vuxen under en vecka (källor: Överleva i det sårbara samhället samt Civilförsvarsförbundet):

KONSERVER

Varje punkt gärna fördelat på flera burkar eller förpackningar.

- Matkonserver, kött och fisk, färdig mat: 1,0 kg
- Soppor, t ex kött-, ärt-, grönsakssoppa: 0,5 kg
- Konserverade grönsaker, majs, bönor o dyl: 2,0 kg
- Konserverad frukt och bär: 0,5 kg

PULVER OCH TORRVAROR

- Pulversoppor, salta och söta, kräm: 0,3 kg
- Potatismos, pulver: 0,5 kg
- Pasta, (snabb-)nudlar, ris: 0,5 kg
- Flingor/Müsli, (havre-)gryn och (vete-)mjöl: 0,5 kg
- Strö- eller bitsocker: 0,3 kg
- Te och snabbkaffe: 0,4 kg
- Mjölkpulver, även kallat torrmjölk: 0,5 kg
- Salt

TORRT BRÖD

- Knäckebröd, annat torrt bröd, skorpor, kex: 1,0 kg

ÖVRIGT

- Koncentrerad saft eller juice: 3,0 L färdigblandad
- UHT-behandlad mjölk (alt till torrmjölk): 5,0 L
- Smör och/eller margarin: 0,5 kg

- Sylt, äppel-/fruktmos, marmelad: 0,3 kg
- Pålägg, smältostbaserad tub, annat hållbart: 0,4 kg
- Vitaminer och mineraler, piller el brustablett
- Torkad frukt, russin, choklad, godis

Odlar du eget? Perfekt, då finns säkert tillgång till antingen färska eller lagrade rotsaker, grönsaker, frukter och bär.

På marknaden finns även färdig mat tillverkad just för lagring inför överlevnad, ofta förpackad i kompletta portioner för frukost, lunch och middag. Det här är egentligen för den riktige "prepparen" som vill vara säker på att enkelt tillgodose sig, och ev familjemedlemmar, med färdigmat för längre tid oavsett vad man annars har hemma eller att fortsätta med när allt annat är slut. Det kostar en slant men gör det enkelt att överblicka och planera och lagringstiden är flera år. Några varumärken: *24 Hour Meals, Mountain House, Katadyn, Ration-X, Wise Company, Backpacker's Pantry, Rocky Mountain Food Reserves.*

Hur du än gör så kom ihåg att ta höjd för hur många som ska ha mat! Finns det särskilda krav? Barnmat, överkänslighet, allergi el dyl? Glöm inte heller eventuella husdjur.

Volym
En vuxen mans basenergibehov ligger på 2675 Kcal/dygn. För kvinnor är värdet 2150 Kcal/dygn, enligt tjänsten 1177 Vårdguiden. Basenergibehov: "Gäller för dig med ett stillasittande arbete och som är måttligt fysiskt aktiv. Det

innebär till exempel en halvtimmes rask promenad varje dag."

Som jämförelse är det ungefärliga medelreferensvärdet för män 2300-2800 Kcal/dag och för kvinnor 1900-2300 Kcal/dag enligt Livsmedelsverket. De presenterar även en tabell för referensvärde för energiintag hos barn (ungefärliga värden):

Ålder	Flickor Kcal/dag	Pojkar Kcal/dag
2 år	990	1080
3 år	1190	1260
4 år	1330	1420
5 år	1400	1500
6 år	1470	1560
7 år	1550	1680
8 år	1630	1740
9 år	1710	1840
10 år	1990	2150
11 år	2010	2140
12 år	2100	2260
13 år	2200	2340
14 år	2280	2580
15 år	2350	2770
16 år	2380	2930
17 år	2400	3040

Vid hårt eller statiskt arbete ökar behovet.
Portionsmängder och näringsvärden anges på de flesta förpackningar oavsett vara. Du behöver inte alls bli någon expert på det området utan kan avrunda så det räcker till.

Och kom ihåg att det är energin ur hygglig basföda du vill åt i första hand, inte uppnå en balanserad, nyttig kost eller utforska "de otroligt spännande smaknyanserna" från tjusig gourmetmat.

Värme

Ibland finns lite mer och ibland finns lite mindre och så länge det inte är för stora ytterligheter känns det okej. Inte för varmt så vi svettas och blir snurriga i huvudet eller för kallt så vi fryser så att vi skakar.

Enligt SMHI:s normalvärden för mätperioden 1961-1990 (den gällande standardnormalperioden över 30 år) är skillnaden mellan högsta och lägsta normaltemperatur i snitt 32 grader i Sverige. Jämför vi istället ytterligheterna under samma period, alltså dygnets varmaste snittemperatur mot dygnets kallaste över året skiljer det hela 44 grader! Det kräver mer av oss som lever i detta klimat och är stundtals inte helt ofarligt om vi slarvar eller överraskas. Vi kan själva påverka hur vi utsätts för, och t o m hur vi kan dra nytta av, detta och inte minst behöva förstå att det är det enda rätta i vissa perioder och tillfällen.

Smarta val och isolering

Om värmen försvinner betyder det att din bostad kommer att kylas ner (om det inte är mitt under årets värmebölja förstås då du snarare behöver skugga och ventilation). Börja med att välja ett rum att vistas, sova och äta i. Har du ett rum med alternativ värmekälla, t ex en vedspis eller braskamin är det ett givet val oavsett var i huset det ligger. Har du inte det och tvingas lita mer till isolering väljer du ett rum som inte är allt för stort och som har bara ett eller få fönster. Ett sånt rum ska helst vara omgärdat av andra rum och ligga i söderläge för att kunna dra nytta av värme från ev sol. Finns flera våningar bör ett sådant rum ligga på översta våningen eftersom varm luft stiger (och kall luft sjunker).

Dra ner på in- och utpassage, d v s att inte öppna rumsdörren i tid och otid.

Isolera fönster med silver-, maskerings- eller vilken tejp du har hemma. Placera en hoprullad filt, badhandduk el dyl i botten av fönstret. Släpp ner persienner, häng upp en filt, ett täcke el dyl för fönstret för att hindra värmeförlusten den vägen – även om du har moderna, täta fönster. Tänk dock alltid på ventilationen, särskilt om du använder en värmekälla (spis, kamin, gasolbrännare, spritkök etc).

Isolera även på golvet. "Täck det" med mattor. Stolar kan också få sig en sittdyna, kudde eller annat skönt att sitta på.
Sovplatser ska ha mycket isolering undertill vilket med fördel kan byggas upp med ett liggunderlag och/eller en filt/matta i botten. Kanske en extra madrass om det finns? Sitt eller ligg aldrig på golvet eftersom det är lägst och där den kallaste luften i rummet finns. Använd istället befintliga möbler som (tält-)sängar, soffor o dyl.

Är det vinter och rikligt med snö ute? Skotta upp en rejäl snövall mot huskroppen. Det tätar och isolerar fint. Ett bra gammalt knep som du med fördel kan använda dig av även i orosfria tider.

Klä dig efter förutsättningarna och efter behovet.
Det kan bli aktuellt att även inomhus använda skor eller tofflor och fler plagg än vanligt, kanske t o m mössa.

Utomhus, skydda dig mot kyla, hetta och regn m m och anpassa klädseln i tid allt eftersom du arbetar och blir varmare eller stannar upp och blir svalare. Tillåt dig aldrig att bli för kall, svettig/överhettad eller genomsur.
Är du utomhus en kall vinterdag och blir blöt utifrån, eller inifrån av svett, riskerar du att dö av nedkylning (hypotermi) om du inte kan byta till torra kläder eller komma in i värmen och torka dig själv och dina kläder

när du slutat arbeta och stannar till eller ska sova för
natten!!!

Foto: Rama, Cc-by-sa-2.0-fr

Toalett

En funktion vi verkligen tar så för given att vi knappt
märker att den finns är toaletten. Ett grundläggande behov
som ställs på ända vid en krissituation där brist på el och
vatten är en faktor.

Det går dock att ordna på flera sätt. Förr i tiden var
torrdasset det vanliga och vi kan snabbt välja att använda
den lösningen igen. Bor du möjligen på en gård där det
finns ett gammalt utedass har du det redan ordnat. Andra
behöver fixa lite avskildhet först.

Använd den vanliga toaletten i din bostad (som nu inte
längre har något vatten i cisternen att spola med). Ta en

vanlig svart sopsäck eller plastkassar, såna som du burit hem mat i och som du sparat för att slänga sopor i, och placera i toalettstolen. Ett alternativ är att placera en plastpåse i en hink. Använd din torrtoalett i första hand till att bajsa i. Kissa gärna utomhus om du har den möjligheten.

Låt inte ditt "torrdass" stå för länge innan du byter ut påsen (och säkert kan slänga eller gräva ner den använda påsen).

Har du rikligt med vatten, t ex otjänligt att dricka, kan du använda toaletten som vanligt och spola genom att hastigt hälla vattnet ur en hink i toastolen efter att du bajsat. (För att inte lukt ska tränga in i bostaden från avloppssystemet ska du se till att det finns vatten i vattenlåset. Det är det lilla vattnet du normalt ser nere i toastolen.)

Se till att alltid ha några rullar toalettpapper hemma. Köp hem nya innan det är helt slut. Alternativ till toapapper är servetter, hushålls-, tidnings- och annat papper. Förbered ev grovt papper genom att knyckla ihop det flera gånger om för att få det lite mer "användarvänligt".

Har du små barn får du även ta höjd för behov av blöjor och tvättlappar/våtservetter.

8. Utrustning

Vätska
Värme – uppvärmning
Värme – kläder o dyl
Livsmedel
Matlagning
Ljus och belysning
Sjukvård
Brand
Hygien och rengöring
Elektroniska prylar
Handverktyg
Betalningsmedel
Fordonsbränsle
Förvaring av brandfarliga ämnen

Är ditt hem förberett för en krissituation? I de allra flesta fall är svaret tyvärr "Nej". Det finns flera orsaker till att det är så. Först av allt vill vi lite till mans inte kännas vid att vi KAN råka ut för något oförutsett. Vidare är det nog så att kunskapen eller informationen saknas.

Vad behövs då? Att förbereda sig handlar om ett slags överlevnad som skiljer sig markant från det många av oss har laddat ordet överlevnad med. Du vet, att med en kniv och två tändstickor leva och ta sig fram i ödemarken, ensam och kanske jagad av skumma typer, veckovis.
Nej, vi vill överleva hemma till strömmen kommer tillbaka och vägarna är farbara och samhället fungerar igen. Vi har allt i hushållet tillgängligt men måste tänka om. Vi måste se

till att en del av det vi har hemma är användbart även utan
t ex el, värme, ljus, kylskåp, mobiltelefon och internet.

Det krävs inga sanslösa uppoffringar eller enorma
ekonomiska investeringar för att utrusta ditt hem.
Vi talar om att förbereda för att själv klara en kortare tid –
inte för all framtid. Dessutom finns säkert redan en hel del
användbart i ditt hem – saker du alltså inte behöver skaffa,
bara leta fram, organisera och sedan hålla reda på.

Prioritering i behovet av utrustning ser också olika ut
beroende på vem du är. Kanske har du (eller någon i din
direkta omgivning) behov av mediciner eller särskild kost,
Hur man bor, t ex i lägenhet på sjunde våningen mitt i stan,
i villa i förorten eller på gård på landet. Hur det ser ut runt
omkring. Har du t ex långt till en alternativ vattenkälla
behöver du fler kärl att transportera och förvara vatten i
än den som bor intill en sjö med god standard.

Gemensamt för all din utrustning är hur som helst att du
måste veta VAD du har, VAR det finns och HUR det ska och
kan användas!

Vätska

Vätska är viktigast av allt. Utan det får du snabbt problem och överlever kanske inte mer än tre dagar (läs mer om vätska i kapitlet Grundläggande behov).

Du behöver kärl för att samla, ev transportera, och förvara vätska. Det kan vara några vattendunkar, en uppsättning plasthinkar, sportflaskor, tomma PET-flaskor eller kannor. Har du tillgång till vatten och kan hämta behövs såklart färre kärl i hemmet än om du måste lagra allt för längre perioder på en och samma gång. Det bästa är såklart att ha kärl som är öronmärkta för detta behov - alltid stående på sin plats.

Behovet och tillgången på vätska styr volymen för dina kärl och ditt vattenförråd. En vuxen behöver normalt 2-3 liter per dag beroende på sysselsättning. Bara till att göra matematiken för hur många liter, och kärl, som behövs för samtliga i hushållet per dygn, per vecka o s v.

Är inte vattnet rent ska det kokas eller tillföras **vattenreningstabletter eller vattenreningspulver** (läs mer om vätska och vattenrening i kapitlet Grundläggande behov för överlevnad).

Värme – uppvärmning

Värme är både fysiskt och psykiskt viktigt (läs mer om möjligheter till, och trassel med, uppvärmning i kapitlet

Värme och energi). Värme håller dig vid liv, driver bort fukt och skapar en psykiskt mer positiv levnadsmiljö. Kom ihåg att vara försiktig med eldning. Lämna inte en öppen låga utan uppsikt! Här är några källor:

Tändstickor – ja de är själva grunden för värme eftersom du med tändstickor kan göra upp eld, tända ljus, tända fotogenlyktor, grillen m m. En självklarhet men utan något att tända med står du dig slätt med dina fina lösningar i övrigt. Förr "när alla rökte" fanns det tändare och stickor i var mans hem och fickor. Idag är det annorlunda. Köp och förvara ett 10-pack tändsticksaskar.

Har du en **vedspis, öppen spis, braskamin, kakelugn** el dyl så har du det väl förspänt! Se till att alltid ha gott om ved och möjlighet att elda den vid behov. Funderar du på att skaffa en sån här lösning? Bra, det kostar förvisso en slant men är en god investering! Det kan t o m höja värdet på din bostad. Jämför leverantörer och priser noga innan du slår till.

Alternativ värmekälla kan vara en **gasolvärmare**. Den vanligaste ser lite ut som en hurts till ett skrivbord eller ett litet skåp på hjul och strålar ordentligt med värme (glöm inte att ha ett par gasolbehållare till den hemma). De finns bl a i byggvaruhusen, i järnhandeln och på internet.

En annan värmekälla är **fotogenvärmaren** som finns i
några varianter i bl a byggvaruhus och på internet. En del
fotogenvärmare kan även utnyttjas till att laga mat på! Se
till att ha fotogen hemma!

Foto: Argus fin

Längre ner på skalan finner vi **fältköket** även kallat stormkök, friluftskök, jägarkök m m. Det är en liten källa till värme men framför allt matlagning och du bör äga ett (se Matlagning nedan). Finns lite överallt idag, t ex i frilufts- och hobbyaffärerna och i byggvaruhus. Köp hem bränsle (Rödsprit/T-sprit)!

Värmeljus och vanliga ljus är populära och de avger hyggligt med värme samtidigt som de lyser upp. Förvara ett, eller ett par, 50-pack värmeljus hemma. Använd dem gärna för mys i vardagen men fyll på förrådet eftersom.

Ett **bensin- eller dieselaggregat** är lysande om du har
absolut behov av elektricitet och har möjlighet att ha det
stående, bullrandes (och ifred) utanför huset. Kan driva
lampor, elektriska element och apparater. Ett elverk av det
här slaget drivs som namnet anger med bensin eller diesel.
Hur mycket det går åt per timme och dygn brukar anges av
tillverkaren. Se till att ha drivmedel hemma till ditt
aggregat!

Oavsett val av värmekälla (-or) ska du se till att du vet hur
eldning, bränsle och ventilation fungerar och att du har
bränsle som räcker ett tag, lättillgängligt! Förbrukningen
per timme och dygn känner du antingen redan till eller tar
reda på så snart som möjligt.
Använder du inte dina värmekällor regelbundet bör du
starta dem någon gång ibland för att försäkra dig om att de

fungerar och så märker du om du har rutinen i dig eller inte. Mycket viktigt!
OBS! Se avsnittet Förvaring av brandfarliga ämnen i kapitlet Utrustning!

Värme – kläder o dyl

Vanliga kläder finns såklart hemma men samtliga i ett hushåll ska äga hela och rena plagg att förstärka med. Det är lika viktigt att förstå NÄR det är dags att förstärka samt lätta på klädseln (läs mer om värme i kapitlet Grundläggande behov). Här är vad som bör finnas utöver övriga, "vanliga" kläder och inte ett enda av de här plaggen behöver vara moderiktigt. Vi går uppifrån och ner:

- Toppluva, helst vindtät (eller bättre mössa)
- Halsduk, gärna i naturmaterial
- Flanellskjorta el bomullsskjorta
- Fleecejacka/-tröja eller tjocktröja, gärna (kanal-) stickad, kanske jaktmodell?
- Skaljacka, vind- och vattentät (som "andas") el åtm en rymlig regnjacka
- Vinterjacka, rejält tilltagen, fodrad, gärna med huva
- Handskar, riktiga skidhandskar, fodrade arbetshandskar el dyl
- Långkalsong, isolerande
- Byxa som är rymlig, alltså inte som ett andra skinn, kanske armé- eller jakt-/friluftsmodell

- Överdragsbyxa, typ skidbyxa el åtm rymlig regnbyxa
- Tjocksockor, 1 par
- Grövre skor eller kängor med plats för ett extra par sockor

Och så finns en sak till som var och en ska ha för sin personliga värme och säkerhet:

- Sovsäck som klarar åtminstone nollgradigt som komforttemperatur (kan alltid förstärkas ytterligare vid behov med täcken och filtar)

Livsmedel

Mat! Du har först och främst maten i kylen, frysen och skafferiet. Den räcker ett tag. Använd det som är känsligast och minst hållbart först.

Därefter gäller pasta, ris, pulver (t ex soppor, potatismos och såser), sedan konserver och frystorkat. Varför inte ha en omgång multivitaminer hemma också? (läs mer om mat i kapitlet Grundläggande behov)

Matlagning

Mat och matlagning är centralt i vardagen, både normalt och i en krissituation. Du måste vara förberedd på att behöva använda alternativa metoder för att laga mat och upprätthålla denna viktiga rutin.

Fältkök – i varje hushåll bör det finnas ett litet fältkök, drivet med sprit, fotogen eller gasol. Det ger chans till matlagning (och viss värme samt ljus). Fältköket är dessutom portabelt och kan följa med på utflykt eller friluftsliv. Har du andra sätt att laga mat på bör du ändå ha ett fältkök, inkl bränsle, hemma. OBS! Använd aldrig fältkök eller öppen låga under spisfläkten då fettet i fläkt/filter kan ta eld! Se till att brännaren är helt släckt och att den svalnat lite innan du fyller på (nytt) bränsle!

Finns **vedspis**, **öppen spis** eller **braskamin** så har du din självklara källa till matlagning där. Se upp med värmen bara så du inte förstör kärl, matlagningsredskap – och maten.

En del **fotogenvärmare** är byggda så att det går att ställa en kastrull ovanpå och laga mat. Kollas innan inköp!

Det finns mycket små nödkök som eldas med **metatabletter**. Kanske i första hand för att på egen hand värma till något ute i naturen, men i brist på annat så.

Foto: Cezary p at pl.wikipedia

Har du **grill** eller möjlighet att säkert **göra upp eld**
utomhus kan det vara ett fullgott alternativ. Men det är
som sagt en utomhusaktivitet. Ingen eld eller grill inne!
Glöm inte bort att ha ordentligt med gasol alternativt
grillbriketter/grillkol, tändvätska och/eller tändkuddar
(och tändstickor) hemma och redo!
OBS, de populära elektriska lösningarna för att tända en
brikett-/kolgrill fungerar inte utan elektricitet
(gaffelformade som glöder eller de som hettar upp och
tänder likt varmluftpistoler).

Bensin- eller dieselaggregat. Använder du elektricitet
kan du koppla till en kokplatta. Använd i så fall kokplattan
till matlagning och inte som värmekälla.

Oavsett val för matlagning ska du se till att du vet hur eldning, bränsle och ventilation fungerar och att du har bränsle som räcker ett tag. Prova gärna att tillaga något enkelt någon gång ibland, om så bara en kopp te, för att försäkra dig om att det fungerar och att du kan. Känslan att se att ditt alternativ fungerar är mycket tillfredsställande! OBS! Se avsnittet Förvaring av brandfarliga ämnen i kapitlet Utrustning!

Ljus och belysning

Vi har redan varit inne lite på eld och kök och de sprider visst ljus, dock inte så mycket att det kan räknas som arbetsljus. Mörker är inte farligt i sig men kan innebära att någon snubblar, ramlar och skadar sig själv eller någon annan. Mörker är också en negativ psykisk faktor i en överlevnadssituation. Därför ska du förbereda för ljus.

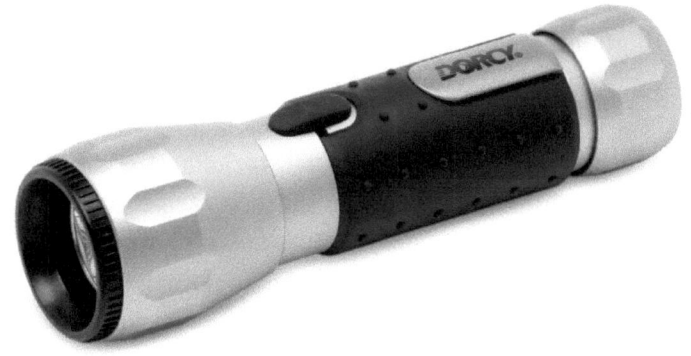

Några **ficklampor**, vanliga med glödlampa eller LED (där en med 2, 3 eller fler LED-lampor i toppen är att föredra). Det finns även nödlampor i hållare som laddas så länge strömmen är tillslagen. När strömmen bryts tänds de automatiskt och är redo att plockas loss och användas. Ficklamporna ska hur som helst finnas gripbara på strategiska platser i hemmet och inte användas till annat. Antalet ficklampor bestäms av storleken på bostaden men kan se ut ungefär så här: En vid/i sängbordet i alla sovrum som används och i trapphallen på övervåningen. Är man på plats är det bara att sträcka ut armen. Är man inte på plats vet man exakt vart man ska treva i mörkret för att snabbt få ljus. Lär alla var de finns och vad som gäller!
Förvara en uppsättning fräscha extrabatterier i kylen.

Lampa med batteriackumulator (uppladdningsbart batteri) och vevladdning behöver inga reservbatterier men behöver vevas upp för att fungera en stund. Du kan gott komplettera med en sådan. Den är jobbigare men fortsätter att fungera när alla batterier är slut. Sök upp och skaffa en nyare variant av vevlampa. En med dioder ger betydligt mer lystid än en med glödlampa. Tekniken för de inbyggda batterierna har också utvecklats genom åren.

Stearinljus finns i flera former och storlekar. Det de alla har gemensamt är att de sprider ljus och värme. Se till att alltid ha stearinljus hemma. Om inte annat så satsa på s k värmeljus. De är billiga, står stadigt, har skaplig brinntid och finns i storpack. Satsa på rejält stora förpackningar med 50 -100 stycken. Då blir de dessutom billigare per styck. Var försiktig med ljus! Riktiga ljusstakar för höga

ljus och säker hållare eller underlag för värmeljus. Inga
brännbara material ovanför eller i närheten av lågan. Och
lämna aldrig ljus utan uppsikt!

Fotogenlykta eller fotogenlampa är riktiga klassiker. De
finns båda i olika modeller och kräver av oss, moderna
människor, att vi lär oss hur de fungerar och att vi ser till
att ha bränsle och vekar eller "strumpor" hemma. Dessa
var mycket vanliga förr i tiden och ger riktigt bra
belysning. Se till att lyktan/lampan är helt släckt och att
den svalnat lite innan du fyller på bränsle!
Se även till att den står stadigt på väl vald plats eller
hänger säkert.

Sjukvård

Tvingas du klara dig själv är det viktigt att tänka på att tillfälligt kunna sköta även den här biten. Snåla inte på sjukvård. Se det som en försäkring.

Första hjälpen-kit innehållande åtminstone det viktigaste som plåster, sårtvätt, sterila kompresser och förband. Ska finnas i varje hem! Med det kan du snabbt plåstra om ev skador hos dig själv och andra.

Ett s k **Husapotek** med mediciner och annat viktigt utöver Första hjälpen är också av vikt. Många har det mesta redan. Komplettera om något saknas.
Det kan innehålla fler plåster (storlekar och varianter), ett par elastiska bindor ("gasbinda") för förband och stukningar, febertermometer, vaselin eller hudsalva för torra läppar och torr hud, solskyddsfaktor och mediciner (se nästa stycke). Här kan man också ha en reserv av tamponger och/eller bindor.

Medicin o dyl till ditt husapotek kan bestå av ev receptbelagda, viktiga mediciner samt receptfria smärtstillande och febernedsättande tabletter (t ex Ipren eller Alvedon), koltabletter, nässpray och hostmedicin. Håll koll på hållbarhetsdatum för medicinerna! Använd eftersom och ersätt med nytt.

Kan du hjälpa i en akutsituation? Med kunskap om ABC samt HLR kan du hjälpa akut skadade och rädda liv både i vardag och i kris! ABC står för Andning, Blödning, Chock. HLR står för Hjärt- och lungräddning. Kurser i ABC och HLR är inte dyra och brukar bara ta ca 2-4 timmar. På nätet hittar du kurser i din närhet. Sök på "första hjälpenkurs" och " hjärt och lungräddningskurs". Du kan med fördel även lägga till ditt ortnamn eller närmast större ort för att förfina sökningen.

Foto: Patrick Strandberg

Brand

Skydd mot brand och möjligheten att bekämpa bränder är mycket viktigt. Till att börja med måste du komma ihåg att alltid elda säkert. Lämna aldrig en öppen låga obevakad. Det gäller alla öppna lågor från stearinljus o dyl inomhus till grillen eller en brasa utomhus (grilla och elda aldrig inomhus). Tänk på att eld/lågor utvecklar stark värme och behöver spelrum. Akta gardiner, dukar och dekorationer. Vad finns ovanför lågan? Ett ljus på bänken under väggskåpen i köket, eller i bokhyllan, kan starta en brand. Använd aldrig ett spritkök eller annan låga under köksfläkten då fett i filter och kanal kan fatta eld. Se upp med brandfarliga vätskor och material! Bensin, T-sprit, tändvätska, alkohol, aceton, parfymer m m kan ställa till det om de hanteras fel eller bara råkar stå på fel plats vid fel tillfälle. Syntetiska material, t ex i kläder, är mycket brandfarliga och kan antändas om de kommer i kontakt med eld eller hög värme.

Brand i köket t ex att fett eller olja tagit eld i en kastrull släcker du enklast genom att kväva branden. Lägg ett lock på kastrullen eller använd brandfilt.

Tack vare brandvarnare får du larm och kan ta dig ut i tid eller börja släcka. Det här är en livräddare och antalet brandvarnare beror på hur stor bostad du har och hur den ser ut. Idag finns brandvarnare där alla larmar om en av dem löser ut.

En godkänd brandsläckare är en viktig investering! Skulle det hända något måste du omedelbart kunna påbörja släckning.

Brandsläckaren ska stå på en synlig plats och vara lätt att snabbt ta fram. Rekommendationen är en pulversläckare på 6 kg oavsett hur du bor. Har du en större bostad är det bra med flera strategiskt placerade släckare.

Bekanta dig/er med Steg för steg-beskrivningen som är tryckt på brandsläckaren eller som medföljer. Prova gärna att hålla den och bekanta dig/er med var handtag, säkring m m finns och hur de känns. En brandsläckare med pulver fungerar mot flera olika sorters brand. Pulvret leder inte ström vilket betyder att du kan släcka t ex elektriska apparater som tagit eld. Med en pulversläckare kan du även bekämpa brand i matfett eller olja samt drivmedel.

Använd aldrig vatten för att släcka eld i elektriska apparater eller matfett, olja, drivmedel o dyl.

Det allra bästa och säkraste är att gå en snabbkurs i hur du/ni släcker bränder med brandsläckare! Kurser hittar du på nätet.

En brandfilt för att kunna kväva eld är också ett måste i hemmet. Med brandfilten kan du släcka bränder i t ex kläder, möbler eller på spisen. Täck/stäng in. Utan syre slocknar elden. Förvara brandfilten i eller nära köket. Har du en större bostad kan det vara på sin plats med ytterligare en brandfilt på t ex andra våningen eller i källaren. En brandfilt bör vara 120 x 180 cm för att kunna täcka merparten av en människa.

Hygien och rengöring

Fortsatt rutin för god hygien är viktig för hälsan och välbefinnandet. Det gäller både kropp och hem. Utrustningen nedan kan tyckas löjligt självklar och det mesta finns säkert redan men vi checkar av och tittar på användningsområden i alla fall.

Tvål för hand- och kroppstvätt innehåller samma saker och fungerar till både händer och kropp oavsett vad de har för varumärke, om det är flytande eller fast form, om det står att det är handtvål eller duschtvål/shower gel eller tvål och schampo i ett. Schampo går också bra.
Man kan, i brist på annat, även använda lite handdiskmedel eller allrengöringsmedel för att tvätta sig.

Schampo är det bästa för hårtvätt. Det går även att tvätta håret med samma produkter som du använder till hand- och kroppstvätt enligt ovan.

Tandborste och tandkräm, det har du garanterat. Köp en ny tub innan den gamla är helt tom.

Toalettpapper. Vi nämner det igen. Ha alltid några rullar hemma. Kan såklart ersättas med servetter, hushålls-, tidnings- och annat papper om det krisar men inget är som toapapper.

Handdiskmedel gör att du kan ta hand om disken även utan diskmaskin. Mycket, mycket viktigt så att inte bakterier får fäste och får dig på knä.

Har du inte en **diskborste** rekommenderas en sådan till diskningen. Det blir så mycket lättare än att bara använda händerna, en trasa eller en svamp (även om de också fungerar såklart).

Allrengöringsmedel, t ex såpa eller Ajax håller bänkytor och golv m m fortsatt rena och fräscha.

Handtvättmedel behövs också eftersom kläderna blir smutsiga som vanligt. Det GÅR att använda andra rengöringsmedel till handtvätt t ex allrengöringsmedel, tvål och handdiskmedel. Glöm inte att skölja ordentligt.

Det vi gör när vi tvättar oss och städar bostadsytorna är desinficering och det finns fler produkter än de vi normalt är vana vid, utifall att. Starksprit som vodka o dyl, aceton (nagellacksborttagning), kemiskt ren (medicinsk) bensin, desivon (sårtvätt), savetter m m är bakteriedödande produkter som kan finnas hemma. Se upp, en del av dem är mycket effektiva men också mycket brandfarliga!

Elektroniska prylar

Elektronik är krävande prylar. De fungerar bara om du har elektricitet eller om du förberett dig noga.

Foto: Alan Levine

En **radio** kan vara den enda vägen för att få sig nyheter och meddelanden till livs. Den ska i så fall vara batteridriven eller, kanske ännu hellre, innehålla batteriackumulator och kunna laddas via en vev. Finns i en mängd varianter, funktioner och prisklasser.

Foto: Mcjones2003

För att **ladda mobiltelefonen** finns samma lösning där du vevar och laddar batteriackumulatorn och överför elektriciteten till telefonens batteri som får laddning via USB-sladden. Du får dock veva på länge och ordentligt. En annan variant är en laddare som fungerar med solceller!
Är inte hela samhället utslaget så fungerar troligen mobilnätet och kanske är mobilen din enda kommunikation med omvärlden så det här är en inte så onödig pryl som du först kanske uppfattar den.

Handverktyg

Med några få verktyg kan du göra förstärkningar, t ex täcka över fönster, laga det som gått sönder och bygga saker som behövs.

Kniv, en helt vanlig slidkniv typ Mora är ett måste. Det har sedan urminnes tider varit allround-verktyget nummer ett. Visst finns det andra knivar i lådan eller hållaren i köket men de är ömtåligare och ofta svårare att hantera vid "hantverkande".

Med **hammare och spik, skruvmejsel och skruvar** kan du bygga och laga. Det här finns redan hemma hos de allra flesta. Om inte – inskaffa genast. Det finns t o m små billiga fixar-kit med grundläggande verktyg innehållande just hammare och ett par skruvmejslar. En låda spik (ca 75 mm/3 tum) och en låda skruv (t ex plåt-/trall-/universalskruv på ca 40-50 mm) till det och saken är klar.

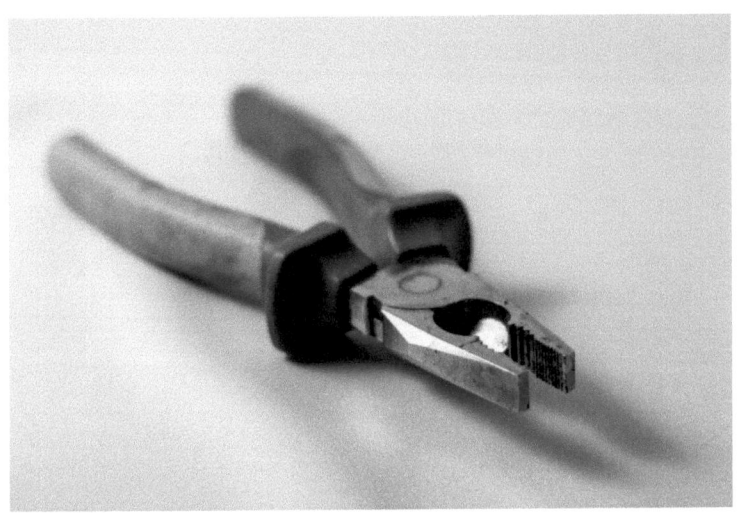

En **kombinationstång** är bra till mycket. Den enda tång du behöver egentligen. Du kan klämma ihop, skala kablar, klippa av/kapa, hålla fast o s v. Har du ett ordentligt kombinationsverktyg som t ex ett s k Multi Tool med tångfunktion klarar det säkert också de jobben (även om de kan vara klenare än en riktig tång).

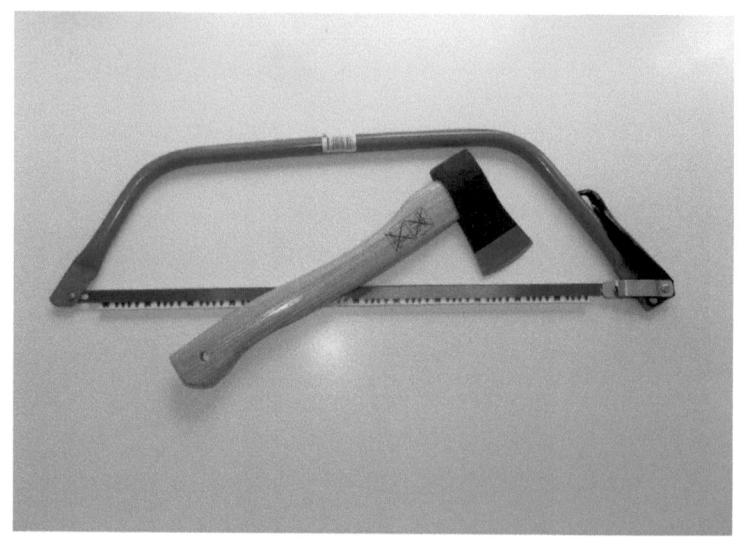

Såg och yxa är ett komplement för att kunna kapa och dela men även bygga. Skulle du behöva ordna egen ved är de ett måste – oavsett om veden består av plankor, gamla lastpallar, inredning eller lagom stora träd.

Den riktigt seriöse väljer en rejäl bågsåg och en medelstor (klyv-)yxa men en fogsvans och en, inte allt för klen, campingyxa fungerar också alldeles utmärkt. Isär med benen när du klyver ved!

Jordspade för att gräva i marken. Det kan röra sig om olika behov som t ex att gräva avledande diken för regnvatten, vallar mot översvämning, trädgårdsarbete, gropar för sopor/rester och avföring. Använd inte en snöspade till grävarbeten då en sådan är skörare och går sönder av för stor påfrestning.

Vintertid behövs också en **snöspade** för att gräva i samt skyffla snö, t ex skotta upp snö mot huskroppen som isolering, skotta upp en matlagningsplats utomhus, röja en väg från ytterdörren, sprida halkskydd (sand), m m.

Betalningsmedel

I en krissituation fungerar kanske inte kortbetalning och banken är troligen stängd. Du kommer kanske inte heller åt din bank via internet eller telefon. 50 kronor eller fem miljoner kronor som du inte kommer åt är lika lite värda. Hittar du någon som säljer det du behöver är det följande som gäller:

Kontanter! En ovanligt god människa kanske ger dig kredit men räkna verkligen inte med det! Se till att alltid ha lite kontanter hemma!

Värdesaker i en bytessituation kan också fungera men kommer att värderas betydligt sämre än vad de egentligen är värda eller vad du betalt för dem.

Fordonsbränsle

Är det så att du har ett fordon där hemma så se till att det finns bränsle i tanken. Du ska kanske inte ut och åka just nu men när du väl behöver det kanske du inte kan tanka någonstans på ett tag – antingen tidsmässigt eller geografiskt sett.

Ett bra knep är att till vardags alltid **tanka fullt** när bränslemätaren visar att du har kvarts tank kvar. Vänta inte längre, kanske ända tills du är nere på reserven och halvnervöst måste åka runt och leta upp närmaste mack! Tankar du i tid har du alltid mer än en fjärdedel att tillgå om det krisar.

Se till att **lagra bränsle** så att du kan (ta med och) fylla upp om det skulle behövas. Behovet av bränsle är olika beroende på typ av fordon och vilka sträckor du behöver färdas. OBS! Se nästa avsnitt om förvaring!

Förvaring av brandfarliga ämnen

Det finns säkerhetskrav för förvaring av brandfarliga ämnen. Exempel på brandfarlig ämnen är tändvätska, bensin, lacknafta, lampolja, sprayburkar och gasol. Myndigheten för samhällsskydd och beredskap (MSB) är central myndighet. Enligt Storstockholms brandförsvar gäller följande, citat:

- Generellt får ditt innehav inte vara större än hushållets behov eller egen förbrukning. Det innebär att om du inte kan styrka ditt behov, får ingen brandfarlig vara förvaras i bostaden.
- Den sammanlagda mängden brandfarlig vara som får förvaras utan tillstånd i bostäder (om behovet kan styrkas) är:
    - 100 liter brandfarlig vätska i högst 10-liters- behållare.
    - 60 liter gasol. Inuti lägenhet i flerfamiljshus får de enskilda flaskornas storlek vara som mest 5 liter och på ej inglasad balkong som mest 26 liter (P11) (inglasad balkong räknas som en del i lägenheten och då gäller 5 liter). I enfamiljshus och fritidshus får de enskilda flaskornas storlek vara som mest 26 liter (P11).

- 5 liter annan brandfarlig gas. OBS! Gäller inte i lägenhet.
- 10 000 liter eldningsolja för uppvärmning, förvarad i cistern.

- Ingen förvaring av brandfarlig vara är tillåten i vinds- eller källarförråd, undantaget välventilerat källarförråd i enfamiljshus och fritidshus.
- I enfamiljshus och fritidshus får fem liter acetylen förvaras i ventilerat utrymme som är brandtekniskt avskiljt från bostadsdelen, till exempel separat förråd eller garage (med brandteknisk avskiljning). Vid förvaring i garage ska all brandfarlig vara skyddas mot påkörning.
- I garage i bottenplan på flerbostadshus får ingen brandfarlig vara förvaras.
- Förvarade gasflaskor skall märkas ut med skylt på exempelvis dörren.

9. Värme och energi

Varje dag och i nästan alla situationer finns det alltid där och vi tar det för givet så pass att ett liv utan blir en katastrof för många. Vi talar om uppvärmning och elektricitet från centralt håll som gör det möjligt.

Oavsett varifrån energin för din uppvärmning kommer eller vilken typ den baseras på är vi beroende av andra människor, att avancerad teknik samt att stora transportapparater ska fungera klanderfritt.

De befintliga, stora, centrala energikällorna i Sverige är kärnkraft, vattenkraft, fossila bränslen (olja, gas och kolkraft), biobränsle (fjärrvärme av t ex hushållsavfall), vindkraft och solkraft. Syftet med samtliga energikällor är att skapa energi, i form av värme eller elektricitet.

Vad skiljer källorna åt? En hel del såklart men en viktigare fråga är vad de har gemensamt och det är att de inte bara skapar energi, de behöver elektricitet för att fungera och/eller kunna distribueras till samhället och, inte minst, till dig.

Allt som har med skapande av energi, att transportera den och att underhålla detta utförs av specialister. Det är få av oss där ute som ens vet hur det hela översiktligt fungerar. Det här har blivit något som bara finns – något magiskt. Även om samhället ser till att ha god kunskap och starka rutiner för försörjningen gör det energin till en stor riskfaktor som inte bara är känslig för yttre faktorer som t ex naturkrafter eller åverkan utan som i sig kan vara orsaken till krissituationer.

Därför är det viktigt att förstå att du kan råka ut för strömavbrott och har beredskap/backup.

Isolering

Vi börjar med att nämna isolering. Det är som bekant en grundpelare för värme. Det vet vi eftersom vi vill ha en välisolerad och tät jacka när det blåser snålt eller är kallt ute. På samma sätt bör vi tänka när det gäller vår bostad. Ett välisolerat hus håller den befintliga värmen bättre. Generellt kan man säga att nyare hus har en högre isoleringsgrad än äldre hus. I dessa tider med allt dyrare uppvärmningskostnader blir det vanligare att se över sin isolering, tilläggsisolera, byta fönster och dörrar o s v. Något att tänka på eftersom bättre isolering även kommer till sin rätt i en situation där den vanliga uppvärmningen inte längre fungerar, både för kort och för längre tid.

Kort om uppvärmning

I Skandinaviska hem finns idag en del varianter för uppvärmning. Det beror i första hand på hur du bor.

Bor du i en lägenhet har du inget eller väldigt litet inflytande över uppvärmningen. Inte sällan är det el eller fjärrvärme som gäller. Se i så fall över dina möjligheter att skaffa något eller några alternativ!

I bostadsrätt/radhus är det föreningen som gemensamt bestämmer. Här har du en chans att påverka både när det gäller energival, gemensam förberedelse/beredskap och eventuell backup.

I eget hus bestämmer du själv. Det är en styrka, men bryr du dig inte är det en svaghet då ingen annan löser det åt dig. Kom ihåg att även lite förberedelse är bättre än ingen!

Om radiatorer

Element, eller radiatorer som de heter på fackspråk, är den vanligaste anordningen för att värma upp inomhusluften, oavsett värmekälla.

Direktverkande el är ett begrepp för äldre radiatorer som inte är vätskefyllda, i folkmun ofta kallade el-element. Enkelt förklarat kan man säga att det är en "kontrollerad kortslutning" som gör att dessa glöder inuti och blir varma. De är inte bara dyra i drift, de kan även vara mycket farliga ur brandrisksynpunkt. Dessa kan vara både fastmonterade på väggen eller fristående i rummet och som man pluggar in direkt i eluttaget.

Vätskefyllda radiatorer innehåller olja eller vatten som värms. Även dessa kan vara fastmonterade eller fristående.

Något effektivare och säkrare än direktverkande elradiatorer men fortfarande en kostsam metod.

Röranslutna radiatorer kallas vattenburen värme och i dessa distribueras/cirkulerar varmt vatten från värmekällan.

Lagrad värme

Hur länge finns den befintliga värmen kvar efter att strömmen gått? Det är väldigt olika men en villa eller radhus kyls ner mycket snabbare än ett flerfamiljshus. Det har gjorts undersökningar på området och nedan ser du utkylningshastigheter framräknade för några typiska hus från ett antal tidsepoker. Värdena anger hastigheten för hus i originalskick vad gäller byggmaterial, isolering, fönster o s v.

Tidsåtgång för innetemperaturen att falla från +20 till +5 vid utomhustemperaturer på 0 till -30 grader.

Tabell för villor

	0	-5	-10	-20	-30
Äldre hus 150 mm timmerväggar	<4 dygn	2 dygn	<2 dygn	1 dygn	1/2 dygn
20-talsvilla plankstomme sågspånsisolering	3 dygn	<2 dygn	1 dygn	<1 dygn	1/2 dygn
50-talsvilla tegelfasad 50 mm isolering	2 dygn	>1 dygn	1 dygn	1/2 dygn	<1/2 dygn
70-talsvilla tegelfasad 95 mm isolering	3 dygn	<2 dygn	1 dygn	<1 dygn	1/2 dygn
90-talsvilla träfasad 150 mm isolering	<6 dygn	<4 dygn	<3 dygn	<2 dygn	1 dygn

Ungefärliga värden. Källa: Energimyndigheten

Tabell för flerfamiljshus

	-30	-20	-10	-5	0
40-talshus (mindre) plank-stomme träfasad	<1 dygn	1 dygn	2 dygn	<3 dygn	4 dygn
50-talshus betongstomme tegelfasad	2 dygn	<3 dygn	<5 dygn	<7 dygn	10 dygn
60-talshus betongstomme	3 dygn	<5 dygn	7 dygn	10 dygn	15 dygn
90-talshus betongstomme 150 mm isolering	<8 dygn	10 dygn	<16 dygn	21 dygn	<33 dygn

Ungefärliga värden. Källa: Energimyndigheten

Vanliga värmekällor i hemmen

Våra vanligaste typer av uppvärmning.

Fjärrvärme, lägenhet och villa

Fjärrvärme är en smart, populär lösning där hett vatten, som producerats i ett centralt värmeverk, transporteras hem till dig i nergrävda, isolerade rör. Enligt ett pressmeddelande från Energimyndigheten värmdes i oktober 2015 hela 8 av 10 lägenheter i Sverige med enbart fjärrvärme!

Ett elavbrott, antingen nära dig eller i fjärran, kan påverka/avbryta leveransen. Du har inte längre varmvatten som cirkulerar i elementen. Fjärrvärmeavbrott påverkar många på en gång så elbolagen har hög beredskap och prioriterar att ta hand om det så snart som möjligt.

Som boende i **flerfamiljshus**, alltså i lägenhet, får du helt enkelt lita på deras ord och vänta. Utkylningshastigheten är dock betydligt långsammare än i ett enfamiljshus. Använd en alternativ värmekälla!

Som boende i **enfamiljshus**, villa, med fjärrvärme gäller samma sak men du kan enligt Energimyndigheten vidta åtgärder.

Eluppvärmning

Eluppvärmning är en vanlig, men allt dyrare, lösning som finns i många hushåll. När fjärrleveransen av elektricitet inte längre finns stannar allt direkt. Elementen skapar ingen ny värme och blir kalla. Det gäller alla typer av element.

Har du uteslutande el som lösning för din uppvärmning bör du se över dina möjligheter att skaffa något eller några alternativ! Det gäller oavsett om du bor i lägenhet, radhus eller villa.

Foto: Dwight Sipler

Oljepanna
Även den en allt dyrare och vanlig variant för uppvärmning. Pannan drivs med olja som levereras hem med tankbil. Det betyder att om du har god planering alltid har från hundratals upp till tusentals liter olja att tillgå. Men även oljepannan behöver elektricitet för att matningar och pumpar ska fungera.

Foto: Alternative Heat

Ved-/pelletspanna

"Jag eldar med ved eller pellets i pannan och kan fortsätta elda som vanligt och ha det gott" kanske några tänker. Tyvärr är det fel! En panna eldad med ved eller pellets behöver elektricitet för att pelletsmatning och/eller cirkulationspump ska fungera.

Egen bergvärme o dyl

Så kallad geotermisk energi (bergvärme o dyl) är i ropet och anses som säker och miljövänlig men är en stor investering. Det är dock en investering som normalt tas igen på rätt kort tid. Bergvärme utnyttjar den värmeenergi som lagras i berggrunden. Den här lösningen behöver dock elektricitet för att driva pumpar och cirkulation. Ingen el, ingen bergvärme!

Värmepump, luft-luft och luft-vatten

Luft-luft-varianten avger värmen direkt till inomhusluften medan luft-vatten-varianten avger värmen till husets vattenburna system – till element och golvvärme. Moderna luftvärmepumpar kan göra sitt jobb även i svenskt vinterklimat. De behöver också elektricitet för att fungera.

Foto: Tobi Kellner

Egen vindkraft

En hel del vindkraftverk har uppförts och det finns många varianter och storlekar att tillgå. Vi ska inte gå in på för- och nackdelar eller återbetalningstid för en investering i eget vindkraftverk.

Rörelseenergin i luften tas till vara och via en axel och en växellåda förs kraften över till en generator som omvandlar kraften till elektricitet. Strömmen kan användas på en gång eller lagras i batterier.

Utrustningen fungerar dock inte utan extern elektricitet. (Vid strömavbrott kan man gå över till s k Ö-drift där man är avkopplad från det allmänna nätet. Det förutsätter att man ordnat nödströmsutrustning eftersom även vindkraft behöver extern elektricitet för att fungera.)

Egen solenergi

Det finns många bud om för- och nackdelar och om återbetalningstid för en solenergiinvestering, dock inget vi tar upp här. Man gör skillnad på **solfångare** som tillverkar värme och **solceller** som tillverkar elektricitet.

Solfångare: Solens strålar värmer vätska i ett rör med kretslopp. Värmeenergin förs med vätskan till en ackumulatortank där vatten värms. Varmvattnet används sedan till husets vattenburna system (till elementen, golvvärme och varmvatten). Solfångare behöver el för att pumpa den varma vätskan och stannar vid strömavbrott.

Solceller: Av solens ljus skapar ett s k halvledarmaterial elektrisk spänning mellan cellens fram- och baksida, alltså elektricitet. När ljuset (solen) försvinner producerar solcellerna ingenting. Utrustningen fungerar inte utan extern elektricitet.

Nöddrift av värmekällor

När din normala värmekälla slutar att fungera!

Energimyndigheten föreslår en s k nödströmsutrustning "som i begränsad omfattning kan ersätta elnätet vid elabrott" (*energimyndigheten.se*). Nödströmsutrustning är i grunden ett 12-voltsbatteri och en inverter som omvandlar batteriets spänning på 12 volt till 230 volt. Hur mycket ström som går att ta ur ett batteri innan det är urladdat kallas batterikapacitet och mäts i amperetimmar (Ah). Eventuella ändringar i fasta elinstallationer ska utföras av behörig elinstallatör.

Alternativt "kan ett mindre reservelverk användas /../ kan försörja husets värmesystem med den elkraft som behövs för att det ska fungera under elavbrottet" (*energimyndigheten.se*). Ett reservelverk är ett bensin- eller dieselaggregat som levererar 230 volt. Det kan krävas installation utförd av behörig elinstallatör. (Ett reservelverk som drivs av diesel kan drivas med villaolja!)

För nöddrift av vissa värmesystem kan det krävas större eleffekter, särskilt när det är kallt ute. Detta ställer krav bl a på reservelverkets kapacitet.

När det gäller "eldningspannor" (ved/pellets) kan man i en krissituation, där värmen inte transporteras till andra

platser i fastigheten, välja att elda i pannan och bo i
pannrummet/pannans närhet. Kom ihåg ventilation!

Sammanfattning

Vi har ett antal energikällor och i stort sett alla är beroende
av elektricitet och är på sina håll även känsliga för andra
omständigheter. Som tur är finns det lösningar för de flesta
av våra vanliga energikällor så de kan fortsätta att drivas
och skänka värme i en krissituation, om än med decimerad
styrka. En del lösningar är enkla, en del är mer avancerade.
En del lösningar är relativt billiga, en del är dyra. En del
kan du göra själv, en del måste utföras av fackman.

Det kräver dock att du tar steget att undersöka och ordna med detta INNAN du står där i mörkret och kylan. Det kräver att du slutar ta, åtminstone kritiska, bekvämligheter för givna och slutar förlita dig på att någon annan, långt bort löser livsviktiga problem åt dig.

Se även avsnittet Värme - uppvärmning i kapitlet Utrustning, för alternativa värmekällor!

10. Säkerhet

Människans beteende
Försiktighet
Egendom

Säkerhet är till stor del kunskap och förberedelser. Det här kommer inte handla om att bunkra vapen, bygga egna strålningssäkra skyddsrum eller att camouflera sig för att kunna gå ut.

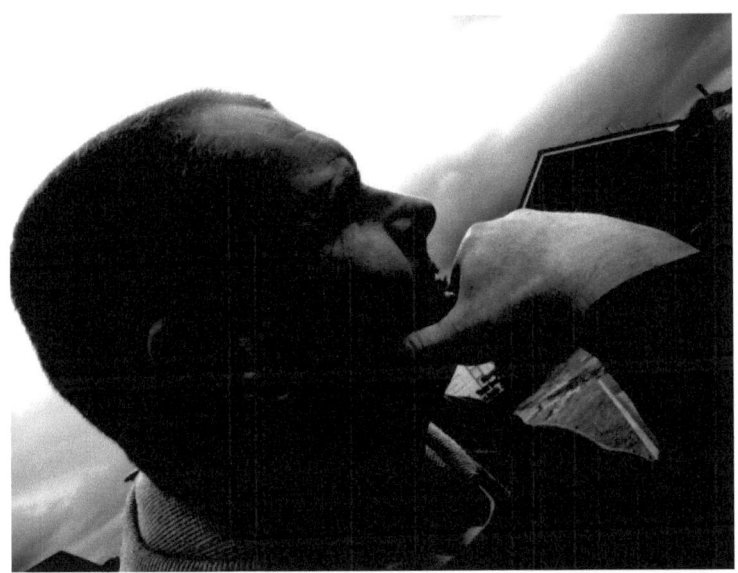

Foto: Craig Sunter

Människans beteende

Alla vill vi självklart att ingenting negativt ska inträffa. En vanlig dag är en bra dag och risken att vi ska råka ut för något tråkigt, i stort eller smått, är faktiskt försvinnande liten. Det vet du och det känns tryggt.

För att bättra på eller åtminstone upprätthålla den nivån är det lätt att acceptera t ex att vi bär skyddsutrustning vid vissa typer av jobb eller fritidssysselsättning, att det finns krav på utbildning och duglighet inom många områden, att vi inte kan köra hur vårdslöst eller fort var som helst, att vi förväntas förstå (och förväntar oss att andra förstår) hur det sociala samspelet och ansvaret fungerar m m.

Detta är ändå inte någon garanti så vi skapar och följer dessutom medvetet och omedvetet rutiner, försöker ha koll på ekonomin, vi skaffar försäkringar som ska hjälpa oss utifall att. Se där, i grund och botten förbereder sig nära på alla utan att tänka på det.

Vad händer då om något klickar? Vad händer när en eller flera delar av våra normala liv inte fungerar. Jo, vi tvingas ut ur komfortzonen för att ta reda på vad som hänt, bedöma läget och förhålla oss till vad som förändrats, oavsett vad det är.

Det förändrar inte bara verkligheten runt omkring oss – det förändrar också oss själva. Vi vill se till att rädda oss och de våra genom att ordna t ex skydd, transport, vatten, mat och värme.

Är det flera som berörs på en allmän plats, t ex där vi står med beskedet att det tyvärr inte kommer någon buss eller något tåg över huvud taget, lägger många blygsamhet och osäkerhet åt sidan och pratar och hjälper varandra.

På samma sätt fungerar det även på hemmafronten. Du och de där grannarna du endast kort hälsat på tidigare har troligen inga större problem att samtala om t ex vatten- eller elbrist där ni står ute på gatan. Den egna tryggheten stöds/stärks av de andra som "sitter i samma båt".

Den här sortens formella och informella grupper är en styrka. Definitivt i ett initialt skede och eventuellt över tid, beroende på hur saker och ting utvecklar sig och inte minst på hur de andra i gruppen förberett sig alternativt inte förberett sig.

Samhället kommer samtidigt att göra sitt yttersta för att bistå varje invånare i nöd! Det betyder att krisen kan bli kortvarig eller mildras avsevärt. Skulle det arbetet av någon anledning ta tid får vi försöka klara oss själva, en eller flera dagar eller ännu längre.

Ju större kris och/eller tid som går tär på resurserna och på toleransen. Drivet att rädda sig själv och de sina blir starkare. I en alltjämt onaturlig situation av kris och umbäranden, p g a brist på det vi normalt behöver och har, fortsätter vi att förändras. För den som valt att förbereda sig sämre, eller kanske inte alls, blir det snabbt en kamp för överlevnad. I det läget kan lagar och regler bli diffusa för en del.

Vilka dessa människor är kan ingen säga i förväg.
Kriminella element kan såklart komma att vilja dra nytta
av det försvagade läget i samhället men även den vanliga
medborgaren som inte har vatten, mat, värme, kläder,
utrustning o dyl kan se stöld eller rån som enklaste eller
enda utväg.

Foto: Alan Levine

Försiktighet

När du väljer att förbereda dig så att du kan ta hand om dig själv kan du välja två vägar att gå. Ska det ske i största hemlighet för alla utom dig och ditt hushåll eller vill du att fler får reda på det och kan följa ditt goda exempel?

Det du ordnar, ordnar du för dig och de dina. Det betyder att du tvingas sätta en gräns för vilka "de dina" är. Bor du själv är det du, har du en respektive och kanske familj är det inklusive dem. Självklart kan den här gruppen se olika ut. Du bestämmer själv volym utifrån vilka som ska vara med samt dina ekonomiska tillgångar och andra möjligheter. En annan faktor är för hur länge.

Diskret eller öppet?

Håller du det här hemligt vet ingen utomstående att du kan rena vatten, har gott om riktig mat, ljus och värme, verktyg och utrustning, en fulltankad bil o s v. Din bostad blir inte ett primärt mål för den som vill ta det som du slitit för och som är ditt. Det gäller både i din vanliga vardag och i ett krisläge. Ligg lågt och smält in så bra du bara kan med övriga i samhället.

Väljer du att hålla det här för dig själv kan du i vardagen umgås som vanligt och prata om vad som helst men inte om att du förbereder.

Det andra alternativet är mer socialt. Du vill av ren omsorg att dina grannar också ska förbereda och kunna klara en krissituation. Humant och bra. Gör de så klarar de sig kanske lika bra som du. En sideffekt är också att du i grannskapet drar ner antalet offer som kommer stå helt ställda och som på sikt kan komma att vilja hälsa på hos dig för att höra om du har något att dela med dig av eller rent av stjäla eller råna dig på rubbet.

Det här med att engagera fler är dock lite vanskligt eftersom en del faktiskt kan se det som onaturligt eller otäckt. Du kan för en del framstå som en knäppgök som går omkring och tror (eller t o m hoppas) att det ska uppstå problem så att alla tvingas äta burkmat i stearinljusets sken. En paradox är att de som dömt dig som konstig, från och med den dagen ändå vet vad du skapar för beredskap. Det kommer de garanterat att minnas om de i framtiden står där överraskade och oförberedda!

Å andra sidan kan det vara värt det. Du kanske finner likasinnade genom din "uppsökande verksamhet" och

genom intresset skapar vänner. Tillsammans kan man göra
så mycket mer.

Diskret eller öppet? Ett val som kanske behöver tänkas
över ett par gånger.

Egendom

De flesta av oss vill hjälpa andra. Det är naturligt och bra.
Det ska vi såklart alltid försöka göra.
Men så fort du väljer att dela med dig av de förberedelser
du gjort, förändras dina egna möjligheter. Skänk bort mat
eller bränsle och du har mindre (tid) kvar. Låna ut en yxa
och en spade och du riskerar att ha två verktyg färre.

Genom att dela med dig visar du också att du faktiskt har resurser, antingen bara lite som du är dumsnäll nog att ge bort av eller, vad säkert kommer att anas, att du har massor som du så glatt kan ta av och dela ut.

Vetskapen om dina resurser kan leda till fler besök, fler besökare och i förlängningen till otrevliga situationer.

Allt löst utanför ditt hus kanske försvinner en natt, kända eller okända dyker upp i ditt hem och ställer krav på det du har eller bara tar för sig. Att de ger dig kontanter, lovar att återställa eller återbetala dig senare eller fräckt förser sig under hot om våld är i stort sett lika illa eftersom det i slutänden betyder att du inte längre har det du en gång förberett.

Larm kräver elektricitet oavsett märke eller pris. Har du ingen elektricitet kanske larmet fortsätter att fungera en tid tack vare inbyggd batteribackup men sedan slutar det att fungera. Tryggheten av eventuell koppling till larmcentral med utryckande väktare o dyl kan du nog också sortera bort rätt snabbt. Stäng, lås och håll koll på vad som händer runt omkring.

Det är du/ni som får försöka hålla låg profil och ordning på grejorna. Diskretion är troligen det bästa försvaret. Göm det du har, använd diskret, se inte mätt och glad ut, bär inte dyrbara smycken o s v.

Självklart får var och en försvara sig själv, de sina och sin egendom med det våld nöden kräver enligt nödvärnsrätten men du bör nog innan ha funderat kring hur och över vad som är värt att riskera hälsa och liv för.

11. Mer info och källor

Fortsätt din jakt på information och kunskap för att stå bättre förberedd!
Googla på begrepp som *Preppa, svensk prepping* eller *prepping Sverige* och du får många förslag på sajter om och med förberedelser.
På Facebook finns flera grupper på området, både svenska och utländska. Varför inte gå med i en eller ett par av dem? Perfekt för lite gemenskap, få tips, möjlighet till att ställa frågor och diskutera m m. Sök på t ex *prepping* eller *preppers* och se vad som kan passa dig.

Här nedan finner du dessutom förslag för mer info och de källor som använts för denna introduktion presenterade i bokstavsordning.

1177 Vårdguiden
En tjänst från Sveriges landsting och regioner
www.1177.se

Civilförsvarsförbundet
www.civil.se

DinSäkerhet.se
En tjänst från MSB om risker och säkerhet som riktar sig till dig som privatperson.
www.dinsakerhet.se

Elsäkerhetsverket
Arbetar för elsäkerhet och elektromagnetisk kompatibilitet. Bedriver standardiseringsarbete och ansvarar för krishantering.
www.elsakerhetsverket.se

Energimyndighetens webbplats samt publikationer:
- Elavbrott – Vad gör jag nu?
- Värme i lägenheten vid el- och värmeavbrott
- Värme i villan vid el- och värmeavbrott
- Hur snabbt blir huset kallt vid el- eller värmeavbrott?
www.energimyndigheten.se

FASS
www.fass.se

Friluftsfrämjandet
www.friluftsframjandet.se

Förordning (2006:942) om krisberedskap och höjd beredskap. Ur Svensk författningssamling, SFS
www.riksdagen.se

Försvarets överlevnadshandbok
ISBN: 91-38-12172-7, M-nummer: M7734-472091

Internetmedicin.se
www.internetmedicin.se

Krisinformation.se

Förmedlar information från myndigheter och andra ansvariga till allmänheten före, under och efter en stor händelse eller kris.

www.krisinformation.se

Lantmäteriet, Kartsök och ortnamn

kso.lantmateriet.se

Myndigheten för samhällsskydd och beredskap, MSB

En statlig myndighet med uppgift att utveckla samhällets förmåga att förebygga och hantera olyckor och kriser.

www.msb.se

Polisen

Ring 112 för att larma polisen.
Ring 11414 för övriga ärenden och tips.

polisen.se

Regeringskansliet

www.regeringen.se

SOS Alarm

Ring 112 för akuta nödsituationer då det är fara för liv, egendom eller miljö. Ring 11313 för att få eller lämna uppgifter vid olyckor och kriser i samhället. Läs mer på:

www.sosalarm.se/112
www.sosalarm.se/113-13
www.sosalarm.se

Storstockholms brandförsvar
http://www.storstockholm.brand.se/

Svensk solenergi
Branschförening som med drygt hundra professionella medlemmar representerar den svenska solenergibranschen och de forskningsinstitutioner som verkar inom solenergiområdet.
svensksolenergi.se

Sveriges Riksdag
www.riksdagen.se

Thermia värmepumpar
www.thermia.se

Vattenfall
En av Europas största elproducenter. El, värme och gas är huvudprodukter. Ägs av staten.
www.vattenfall.se

Vintersoldat
M-nummer: M7742-112112

Uteliv med Överlevnadskunskap
ISBN: 9789186433406

Uteliv på sommaren
ISBN: 9789186433345

Uteliv på vintern
ISBN: 9789186433215

Wikipedia
www.wikipedia.org

Överleva i det sårbara samhället
ISBN 91-534-1486-1

Överleva på naturens villkor
ISBN: 9789153419778

Överleva vintertid på naturens villkor
ISBN: 91-534-0965-5

Överlevnadssällskapet
www.overleva.nu